城市文化的倒影
——天津地铁文化建设与研究

孙奎利 著

华中科技大学出版社
http://press.hust.edu.cn
中国·武汉

图书在版编目（CIP）数据

城市文化的倒影：天津地铁文化建设与研究 / 孙奎利著. —— 武汉：华中科技大学出版社, 2024.12.

ISBN 978-7-5772-1511-2

Ⅰ.U231.4；G127.21

中国国家版本馆CIP数据核字第20245JS798号

城市文化的倒影——天津地铁文化建设与研究　　　　　　　　　　　　　　　　　　　孙奎利　著
Chengshi Wenhua de Daoying—Tianjing Ditie Wenhua Jianshe yu Yanjiu

| 出版发行： | 华中科技大学出版社（中国·武汉） | 电话： | （027）81321913 |
| 地　　址： | 武汉市东湖新技术开发区华工科技园 | 邮编： | 430223 |

| 策划编辑：张淑梅 | 版式设计：张　靖 |
| 责任编辑：赵　萌 | 责任监印：朱　玢 |

印　　刷：武汉精一佳印刷有限公司
开　　本：889 mm×1194 mm　　1/20
印　　张：10.5
字　　数：220千字
版　　次：2024年12月第1版第1次印刷
定　　价：98.00元

投稿邮箱：zhangsm@hustp.com
本书若有印装质量问题，请向出版社营销中心调换
全国免费服务热线：400-6679-118　竭诚为您服务
版权所有　侵权必究

内容提要

地铁空间作为城市中至关重要的文化交流与传播媒介,其空间设计的艺术品位与文化品质至关重要。本书基于深度调研与系统分析,对天津地铁站点空间的现状及其存在的问题进行了全面审视,旨在探索天津地铁文化建设的新路径。全书聚焦于天津地铁空间设计如何彰显并传承天津地域文化,共分为五章:"地铁溯源:世界地铁集萃""同向同行:国内典型案例评鉴""文化初探:天津地铁建设与文化研究""学术探源:地铁空间艺术与设计研究""时代展望:地铁发展趋势及设计特征"。通过对天津地铁公共艺术空间进行系统性规划与艺术设计,本书旨在为天津城市的高品质发展提供坚实的理论依据与实践借鉴。

2021年天津市教委社科重大立项项目"天津地铁文化建设与研究"
（2021JWZD35）

前　言

天津地铁研究的缘起

　　随着城市化的加速推进，地铁作为一种高效且环保的公共交通工具，在纾解城市交通拥堵状况、推动区域经济蓬勃发展方面，正日益展现出其重要的作用。地铁不仅满足了人们出行的需求，还成为城市文化的重要载体和展示窗口。天津作为中国北方举足轻重的经济中心，其城市地铁系统的发展，不仅深切关联着广大市民的日常出行需求，还是衡量城市高质量发展的重要标尺，也成为展现天津文化的重要平台和媒介。因此，对天津地铁展开深入探究，不仅具有重要的理论价值，更蕴含着丰富的实践意义。

何为城市文化的倒影

　　在探讨天津地铁的历史与现状时，我们不仅关注其技术进步和网络扩展，更深入挖掘其文化意义和社会影响。地铁不仅承载着人们的日常通勤，还承载着城市的历史记忆。天津地铁作为城市公共交通的重要组成部分，其发展史也是天津城市变迁的一个缩影。地铁线路的延伸，不仅是地理空间的拓展，也是城市文化与生活方式的传播。天津地铁的每一个站点，都像是城市故事的节点，记录着天津从传统到现代的转变，见证着城市发展的每一个重要时刻。通过对这些站点背后故事的解读，我们可以更好地了解天津这座城市及其在现代化进程中的独特地位和作用。

天津地铁文化建设与研究

《城市文化的倒影——天津地铁文化建设与研究》一书，精心构建了"地铁溯源：世界地铁集萃""同向同行：国内典型案例评鉴""文化初探：天津地铁建设与文化研究""学术探源：地铁空间艺术与设计研究""时代展望：地铁发展趋势及设计特征"五大篇章，旨在全面阐述全球部分特色地铁的发展情况、中国城市地铁建设的典型案例、天津地铁当前建设状况以及未来的发展趋向。本书详细梳理了天津地铁的各条线路，深入剖析了天津地铁如何在城市文化体系中占据一席之地，如何凭借地铁文化建设来提升城市整体形象，以及在新时代背景下如何利用地铁这一重要平台有力促进城市文化的广泛传播与深度交流。同时，本书还通过对天津地铁文化元素的深刻剖析，探讨了其如何反映并推动城市文化的传承与创新发展。此外，本书亦将对天津地铁的运营管理模式、技术创新路径以及服务品质提升等方面展开研究，旨在为其他城市的地铁建设提供有益的借鉴与参考。在"学术探源：地铁空间艺术与设计研究"一章，从城市更新、地域文化、红色文化、符号学、社会美育、艺术介入、空间叙事等多种研究视角，深入分析天津地铁文化建设特色及其在推动城市文化发展中的作用，力图展现天津地铁与城市文化之间的互动与融合。通过对天津地铁的全面研究，我们期望能够为天津城市文化的传承与发展提供新的观察视角和行动思路。

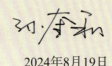

2024年8月19日

目 录

1 | 地铁溯源：世界地铁集萃　　　　　　001

2 | 同向同行：国内典型案例评鉴　　　　031

3 | 文化初探：天津地铁建设与文化研究　067

4 | 学术探源：地铁空间艺术与设计研究　101

5 | 时代展望：地铁发展趋势及设计特征　183

　| 参考文献　　　　　　　　　　　　　198

　| 后记　　　　　　　　　　　　　　　200

1 地铁溯源：世界地铁集萃

- 维多利亚时代的古老传奇——伦敦地铁
- 深埋地下的壮丽奇迹——平壤地铁
- 573米长的袖珍地铁——杜乃尔地铁
- 全球运营里程冠军——上海地铁
- 高原之巅的地下动脉——墨西哥地铁
- 曾经的速度之王——旧金山地铁
- 交错纵横的地下迷宫——东京地铁
- 辉煌美丽的地下宫殿——莫斯科地铁
- 服务之旅的典范——广州地铁

1.1 维多利亚时代的古老传奇——伦敦地铁

英国是世界上最先完成工业革命的国家,其建造地铁的历史最为悠久。伦敦地铁是世界上最早建造和运营的地铁系统,第一条地铁线于1863年开通,至今已有超过160年的历史了。

伦敦地铁(图1-1)的诞生,最初是为了解决19世纪中期伦敦日益严重的交通拥堵问题,特别是在泰晤士河两岸的商业和居住区之间的通勤需求。

伦敦地铁的第一条线路是大都会铁路(Metropolitan Railway),采用开挖-覆盖(cut-and-cover)的方法,在街道下方挖出隧道,用砖石或钢梁加固,然后恢复地面。这条线路连接了帕丁顿和法灵顿两个车站,中途设有六个中间站。使用燃烧焦炭或煤炭的蒸汽机车,虽然产生了大量的硫黄烟雾,但受到了公众的欢迎,第一年就运送了950万人次。

伦敦地铁的城市和南伦敦铁路(City and South London Railway)于1890年开通,是世界上第一条使用电力牵引的地铁。这条线路采用了隧道盾构机,能够在更深的地下挖掘隧道,避免干扰建筑物或公共设施,并减少对街道的影响。这条线路也被称为"管道"(tube)线路,因为它的隧道直径较小,只能容纳较窄的车厢。这个名称后来被用来泛指所有的伦敦地铁线路。

20世纪初,美国大亨耶基斯(Charles T. Yerkes)来到伦敦,他负责建造了更多的管道线路,均为电力牵引。两次世界大战期间,地铁站被用作防空避难所,其中一些废弃的隧道甚至存放了英国博物馆的珍贵文物。

1948年,伦敦地铁被国有化,并由伦敦交通执行委员会(London Transport Executive)管理。在接下来的半个世纪里,伦敦地铁不断扩展新线路,完全淘汰了蒸汽机车,并引入了新的安全措施(包括一个自动播报提醒乘客注意车厢与站台之间的"缝隙")。

伦敦地铁发展阶段

建立阶段(1863—1902年):这一阶段以大都会铁路的开通为标志。大都会铁路是世界上首条市内载客地下铁路,使用蒸汽火车在帕丁顿和法灵顿之间运行。随后,其他线路也相继建成,如内环线、城市与南伦敦铁路等。这些线路采用了不同的

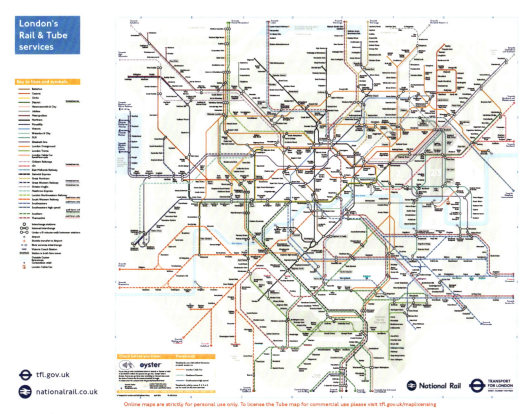

图1-1 英国伦敦地铁线路图（2024年数据）
（图片来源：National Rail – Transport for London (tfl.gov.uk)）

技术，如盾构法、电气化等，为后来的地铁建设奠定了基础。

伦敦地下电气铁路公司时期（1903—1933年）：这一阶段以美国大亨耶基斯的合并行动为特征。耶基斯将多条独立的地铁线路收购并统一管理，形成了伦敦地下电气铁路公司，这是当时世界上最大的私营交通企业。在这一期间，伦敦地铁不断扩展和电气化，如大北方、皮卡迪利及布朗普顿铁路、贝克卢铁路、中央伦敦铁路等。

伦敦客运委员会时期（1934—1948年）：这一阶段以政府对交通业的干预为主要特征。伦敦客运委员会（LPTB）成立，将地铁、大都会铁路、公交车、有轨电车等全部并入委员会，实现了公共交通的统一规划和管理。在这一期间，伦敦客运委员会推出了线路扩张计划，并开始建立自己的视觉形象，如圆形标志、路线图等。然而，第二次世界大战的爆发迫使计划终止，并造成了地铁系统的损毁和停运。

伦敦公共交通管理局时期（1949—1962年）：这一阶段以战后重建和改革为主要任务。伦敦公共交通管理局（LTB）接替了伦敦客运委员会的职能，着手解决交通拥挤和落后的问题。在这一期间，维多利亚线作为战后第一条新线路开始规划和建设，并采用了先进的自动信号系统和无人售票机等技术。

大伦敦议会时期（1963—1984年）：这一阶段以大伦敦议会（GLC）对交通业的控制为主要特征。大伦敦议会是一个民选机构，负责整个大伦敦地区的事务。在这一期间，大伦敦议会推动了地铁系统的扩张和改善，如银禧线的开通等。

伦敦区域交通局时期（1985—2000年）：这一阶段以英国政府对交通业的私有化和分散化为主要特征。伦敦区域交通局（LRT）成立，接替了大伦敦议会的交通职能，但受到了中央政府的严格监督和干预。在这一期间，伦敦地铁面临着资金短缺和设施老化的问题，但也取得了一些进步，如银禧线的延长等。

伦敦交通局时期（2001年至今）：这一阶段以伦敦市长对交通业的直接领导为主要特征。伦敦交通局（TfL）成立，接替了伦敦区域交通局的职能，并开始实施一系列的改革和创新措施。在这一期间，伦敦地铁经历了2005年炸弹袭击的考验，也取得了一些成就，如非接触式电子票证智能卡"牡蛎卡"的使用、东伦敦线的停止和转为地上铁、环城线的延长等。在视觉设计上，伦敦地铁逐渐形成了独具特色的对称空间感。

皮卡迪利线

在伦敦这座繁忙的大都市中，有一条地铁线路以其深蓝色的标识和悠久的历史而闻名，那就是皮卡迪利线（图1-2）。

皮卡迪利线于1906年开通，是伦敦地铁系统中的老牌线路之一。它覆盖了伦敦的多个区域，包括商业中心、主要火车站和众多著名旅游景点。

沿线的每一个站点都有自己的故事。例如，位于市中心的科芬园站，是前往皇家歌剧院的必经之路；而莱斯特广场站则是电影爱好者的天堂，因为那里有众多的电影院和娱乐场所。皮卡迪利线还途经大英博物馆、哈罗德百货公司和白金汉宫等地标性建筑，让乘客能够轻松到达这些知名景点。

皮卡迪利线路较长且繁忙。线路的大部分区段位于地下，而在西部则大多处于地面，这样的布局使得乘客能够在地下迅速穿梭于城市各个角落，同时也能在地面段享受到城市的美景。无论是本地居民还是外来游客，都能通过这条蓝色的线路，感受到伦敦这座城市的脉动和魅力。

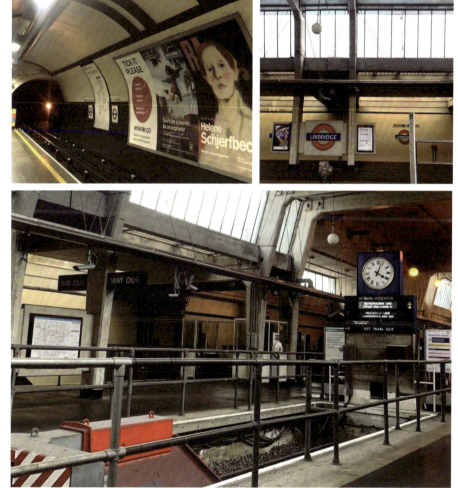

图 1-2　伦敦地铁皮卡迪利线站厅内景
（图片来源：作者自摄）

1.2 深埋地下的壮丽奇迹——平壤地铁

在朝鲜的首都平壤，地铁系统如同一条深埋地下的动脉，静静地流淌在城市的心脏深处。平壤地铁（图1-3）不仅是交通工具，更是一座地下艺术殿堂，承载着历史的厚重与现代的辉煌。踏上平壤地铁的电动扶梯，仿佛进入了一条时光隧道。随扶梯缓缓下行便看到，灯光柔和而温暖，照亮了乘客的面庞。三分钟的旅程，带你从地面直达地下100米的深处，最深处甚至达到200米，大约60层高楼的深度。

站台上，富丽堂皇的吊灯悬挂在高高的天花板上，散发出柔和的光芒，仿佛夜空中的繁星。两旁的墙壁上，镶嵌着长达80米的壁画（图1-4），描绘着朝鲜的历史与文化。每一幅壁画都是一段故事，每一个细节都诉说着这个国家的过去与未来。

平壤地铁的每一个车站，都有着独特的名字，荣光站、峰火站、革新站……这些名字不仅仅是地名，更是朝鲜历史的缩影。乘客们静静地等待着列车的到来，带着平静而坚定的表情。列车缓缓驶入站台，车厢内整洁明亮，部分车厢是由中国长春客车厂制造的，见证了中朝两国的深厚友谊。列车启动，穿行在地下的隧道中，如一条游龙在黑暗中穿梭。平壤地铁承载着朝鲜人民的希望与梦想，见证

图1-3 朝鲜平壤地铁线路图（2021年数据）
（图片来源：https://news.ifeng.com/c/7sQWwlEq6ng）

着这个国家的变迁与发展。在这条地下的动脉中，流淌着的是朝鲜人民不屈不挠的精神与对未来的无限憧憬。无论是初次踏上平壤地铁的游客，还是每天乘坐它的市民，都会在这段旅程中感受到一种独特的魅力。

平壤地铁发展阶段

规划阶段（1966—1968年）：这一阶段是朝鲜领导人金日成参观了北京正在建设中的地下铁路系统后，在平壤发起修建地铁的。金日成向中国、苏联及东欧各国的政府提出援建要求，并得到积极响应。1967年，朝鲜政府正式开始准备工作。

建设阶段（1969—1975年）：这一阶段平壤地铁实际开工建设并投入运营。1968年，平壤地铁开工建设。1973年9月6日，千里马线（红星站至烽火站）建成并投入运行。这条线路采用电力牵引系统和车辆，标志色为红色。1975年4月9日，革新线（荣光站至革新站）建成并投入运行。这条线路也采用电力牵引系统和车辆，标志色为蓝色。

图1-4 平壤地铁站厅内景
（图片来源：https://www.sohu.com/a/575967306_121438727?_trans_=000019_wzwza）

扩展阶段（1976年至今）：这一阶段平壤地铁在原有基础上进行了延长和改造。1978年，千里马线延长至小西湖站，并更名为千里马—小西湖线。1987年，革新线延长至胜利站，并更名为革新—胜利线。1995年，千里马—小西湖线延长至小淀站，并更名为千里马—小淀线。2003年，革新—胜利线延长至拉章站，并更名为革新—拉章线。2010年，千里马—小淀线延长至新发地站，并更名为千里马—新发地线。2015年，革新—拉章线延长至峰火站，并更名为革新—峰火线。2016年1月1日，朝鲜自主研发的新型地铁列车在千里马线投入运营。这些新型列车外观现代，车内光线明亮，设有显示停车站和行驶速度的屏幕，以及老年人和残障人士专座。2018年，有报道称朝鲜政府计划向西延长革新线，设置三座车站，包括英雄站、漆谷站及万景台站。2019年，平壤地铁各站进行了集中修缮，乘车条件进一步改善。截至2024年，平壤地铁仍在继续扩展中，计划在未来建设更多的线路和车站。

1.3 573米长的袖珍地铁——杜乃尔地铁

地铁作为一种连接城市内部的短距离运输工具，通常都会修建得比较长，以覆盖更多的区域和人群。但是在土耳其的伊斯坦布尔，有一条只有573米长的地铁线路，它就是杜乃尔地铁（图1-5）。

杜乃尔地铁历史悠久，建设始于19世纪中期，当时伊斯坦布尔正经历快速的城市化。由于城市地形复杂，尤其是从卡拉科伊（Karaköy）到贝伊奥卢（Beyoğlu）之间有陡坡，传统的交通方式难以满足日益增长的交通需求。1867年，法国工程师亨利·加万德（Henri Gavand）提出了修建一条地下铁路的设想以突破这一交通瓶颈。经过多方努力，奥斯曼帝国政府批准了这一项目，并于1871年开始施工。

杜乃尔地铁的建设采用了开挖-覆盖的方法。该线路仅设有两个车站：卡拉科伊站和图内尔巴希切站。最初，杜乃尔地铁使用蒸汽机车牵引两节木制车厢，在两个方向上往返运行。随着技术的发展，蒸汽机车逐渐被电力机车取代，进一步提高了运营效率和环保性能。

杜乃尔地铁自1875年1月正式开通以来，极大地改善了伊斯坦布尔的城市交通状况。它缩短了卡拉科伊和贝伊奥卢之间的通勤时间，促进了这两个区域的经济和社会发展，在欧洲大陆现存的地下城市铁路线中具有很重要的历史意义，其成功经验为后续的地铁建设提供了宝贵的参考。

杜乃尔地铁独特的建筑风格和历史背景吸引了大量游客前来参观。卡拉科伊站和图内尔巴希切站周边的丰富文化景观，如餐馆、咖啡馆、古老建筑和剧院，进一步增加了杜乃尔地铁的吸引力。

杜乃尔地铁作为伊斯坦布尔的重要交通设施，见证了城市的发展与变迁。其在技术、经济和文化方面的贡献，使其成为研究城市地铁发展的重要案例。未来，随着城市交通需求的不断变化，杜乃尔地铁将继续发挥其独特的作用，服务于伊斯坦布尔市民和游客。

杜乃尔地铁发展阶段

初创阶段（1867—1875年）：这一阶段是杜乃尔地铁的诞生和开通阶段，使用蒸汽机车牵引两节木制车厢，在两个方向上往返运行。1875年1月17日，杜乃尔地铁正式开通运营，成为世界上第二条城市地下铁路，仅次于伦敦大都会地铁。

改造阶段（1876—2008年）：这一阶段是杜乃尔地铁的多次改造和升级阶段，以适应技术进步

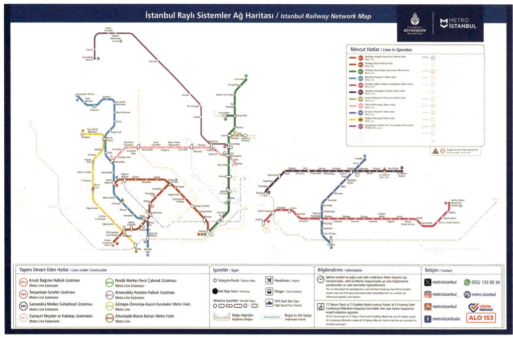

图1-5 土耳其伊斯坦布尔地铁线路图（2024年数据）
（图片来源：Istanbul Metro & Tram Map PDF (Updated for 2024) (istanbulclues.com)）

和客流需求。1912年，蒸汽机车被换成了电力牵引系统。1939年，木制车厢被换成了金属车厢。1971年，隧道内安装了自动信号系统。2008年，车厢被换成了现代化的不锈钢车厢，并增加了空调、广播、监控等设备。

现代阶段（2009年至今）：这一阶段是杜乃尔地铁的稳定运营和文化传承阶段，以提供便捷、舒适和安全的服务为目标（图1-6）。

图1-6 杜乃尔地铁站厅内景
（图片来源：https://www.sohu.com/a/289315670_99964615 ）

1.4　全球运营里程冠军——上海地铁

上海地铁（图1-7）是服务于上海市的城市地铁系统，是国际地铁联盟（CoMET）的成员之一。据2024年9月上海地铁官网数据，上海地铁已开通运营20条线路、410座车站，运营里程达到831千米，包括磁浮线，超过了伦敦、纽约等城市。上海地铁每日客流平均在1000万人次以上，2019年全路网客运量达38.8亿人次，历史最高单日客流为1329.4万人次。上海地铁是上海市民市内交通的主要出行方式，公交出行分担率已达70%。上海地铁客流和里程均居世界第一，上海也是我国首个地铁总里程突破800千米的城市。

上海地铁的发展历史可以追溯到20世纪50年代，当时苏联专家向上海市城市规划研究委员会建议，上海应该修建地下铁道，平时作为交通基础设施，战时作为防空洞。1953年，苏联城市规划专家穆欣与上海市人民政府负责市政交通的李干成会见时，提出上海城市规划应考虑地下铁道建设问题，并提议建设东西和南北的两条地铁线，它们分别是上海地铁1号线、上海地铁2号线的雏形。1960年，上海成立上海市隧道工程局，为了了解如何建造地铁，在浦东塘桥做了直径4.2米的盾构，并推了100多米的隧道。后又决定在衡山公园进行地铁隧道和地铁站试验，这一实验被命名为"60工程"。不过上海首条地铁——上海地铁1号线直到1990年才全面开工。

1993年5月28日，1号线锦江乐园站—徐家汇站段建成通车。此后，上海地铁进入了快速发展阶段，不断延长和增加新线路。2002年12月31日，磁浮线龙阳路站—浦东国际机场站建成通车，成为世界首条商业化运营的高速磁悬浮列车。2007年12月29日，共有5条地铁线路分段宣告通车，其中4号线蓝村路站—大木桥路站段通车，成为上海市第一条也是迄今为止唯一一条环线线路。2010年5月1日，在世博会开幕前夕，7号线、10号线、11号线、13号线先期段相继开通运营。2018年12月30日，17号线、嘉定新城支线开通运营。2021年12月30日，15号线全线开通运营。

在大规模、超常规、跨越式发展过程中，上海地铁坚定"对标最高标准、最好水平"的卓越发展取向，持续推进人性化服务、精细化管理、标准化建设，打造通达融合、智慧高效、人本生态的超大规模城市地铁网络。上海地铁不仅覆盖了市区15个行政区（除金山区），还延伸到江苏省苏州市昆

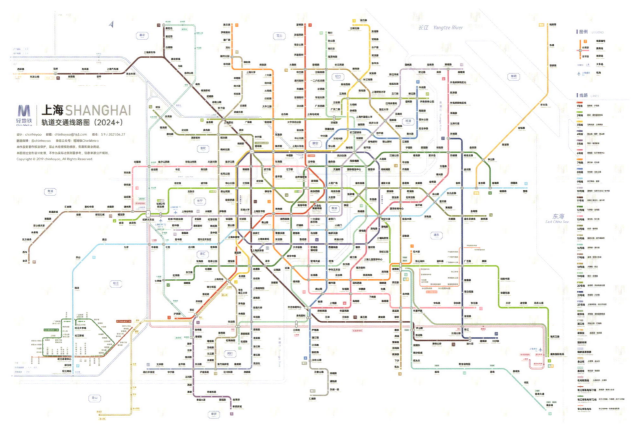

图 1-7　上海地铁线路图（2024年数据）
（图片来源：c6b58713fb8d76e34a0c516a4c8dad77a34763f7.png (4320×2828) (rail.moe) ）

山市，成为中国首个跨省级行政区运营的城市地铁系统。上海地铁还积极探索与其他交通方式的无缝对接，实现了与机场、火车站、公交车、自行车等的多种换乘方式，为市民出行提供更多便利和更好服务，为城市交通作出更大贡献，上海地铁逐步成为"优质服务"的代名词。

上海地铁发展阶段

雏形阶段（2000年之前）：1988年，上海成立了上海市地铁工程建设指挥部。1993年，上海地铁1号线南段正式开通运营，标志着上海地铁的诞生。

扩张阶段（2000—2005年）：上海地铁在1号线开通后，开始了快速扩张。2000年，2号线的开通，使得上海地铁的里程达到了25千米。2003年，3号线的开通，使得上海地铁的里程达到了40千米。2004年，4号线的开通，使得上海地铁的里程达到了55千米。2005年，5号线的开通，使得上海地铁的里程达到了85千米。

高速发展阶段（2006—2010年）：在扩张阶段之后，上海地铁进入了高速发展的时期。2007年，6号线和8号线开工建设；2008年，7号线开工建设；2009年，9号线和11号线开工建设。这些新线路的建设，使得上海地铁的里程迅速增加，并且覆盖了更多的城市区域。

提升效率阶段（2011年至今）：随着上海地铁网络规模的不断扩大，运营效率和服务质量也成为重要方面。2010年以后，上海地铁开始注重提升运营效率和服务质量，并采取了一系列措施来实现这一目标，如引进新型列车、优化换乘方案、加强安全管理等。

吴中路站

15号线上的吴中路站（图1-8）位于上海市闵行区和徐汇区的交界处，车站以北是吴中路，以南是蒲汇塘，共有4个出入口。

吴中路站的设计理念以"无遮挡大空间"为

图1-8 上海地铁15号线吴中路站站厅内景
（图片来源：https://baijiahao.baidu.com/s?id=1691204093345365287）

主导，强调空间的完整性，让乘客感受到广阔和舒适。这里采用预制+现浇叠合拱形结构，不用吊顶覆盖，创造了上海地铁无柱无遮拦大空间站台大厅，让人感受到结构与力学相辅相成的原始美。站厅的地面仿佛黄浦江面，两侧展示着浦东和浦西壮观的城市景象，而站厅的两端则反映出上海壮美的未来。穿过这条长廊，人们仿佛置身于一个展示上海改革开放城市建设成就的华丽展厅。站厅两侧的景墙展示了富有层次的上海城市景观、著名的地标建筑，但更多的是对上海这个摩天楼之城的抽象表达，仿佛越过近景的城市而投射到无限的远方。

上海地铁11号线（图1-9）是中国第一条跨省地铁线路，也是世界上单线里程最长的地铁线路，连接了上海市西北地区、中心城区和浦东新区，以及江苏省昆山市的花桥镇，全长82.4千米，共设40个车站。它是长三角一体化发展和苏州市域一体化发展的重要交通基础设施，也是中国县域经济首条全城穿越的地铁线路。它为沪苏两地的居民和游客提供了便捷、舒适的出行方式，同时促进了交通、产业、空间的一体化布局，推动了沪苏同城化发展。

上海地铁11号线的建设历经了多个阶段，从规划到开通，共用了十多年的时间。最早的规划是在1999年提出的申嘉线，当时只规划了从上海市中心到嘉定区的一段线路。2002年，申嘉线被纳入上海地铁建设规划，并延长到江苏省昆山市花桥镇。2005年，申嘉线更名为11号线，并开始分段建设。2009年12月31日，11号线一期工程（江苏路站至嘉定北站）开通运营。2010年3月29日，11号线一期工程支线（安亭站至嘉定新城站）开通运营。2013年8月31日，11号线二期工程（江苏路站至罗山路站）开通运营。2013年10月16日，花桥段（花桥站至北丰路站）开通运营。2015年12月19日，11号线第三期工程（迪士尼站至罗山路站，除迪士尼站）开通运营，2016年4月26日，迪士尼站开通运营。

上海地铁11号线作为这座繁华都市交通网络的重要组成部分，承载着数百万市民的日常出行，也见证了上海的快速发展和城市变迁。从嘉定北到迪士尼，11号线穿梭于上海的多个区域，连接着古老的文化遗迹和现代的商业中心，展现了一幅多元和谐的都市画卷。每一个站点都有自己独特的故事，例如，江苏路站附近的老别墅区，保留着上海的历史风貌；而迪士尼站则承载着无数家庭的欢乐时光。这条线路不仅是一条交通线，更是一条文化线，一条时间线，串联起城市的过去、现在与未来。

在高峰时段，11号线承载着巨大的客流量，成为上海市民生活的一部分。它的高效和便捷代表了上海公共交通的水平，也反映了这个城市的节奏和活力。无论是上班族、学生,还是游客,11号线都以其独有的方式服务着每一个人。随着上海不断向外扩展,11号线也在不断延长,新的站点和线路的增加,不仅提高了交通效率,也促进了沿线区域的经济和社会发展。

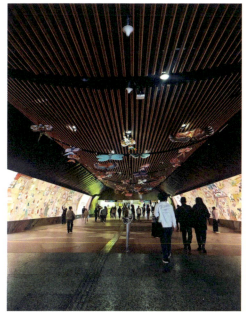
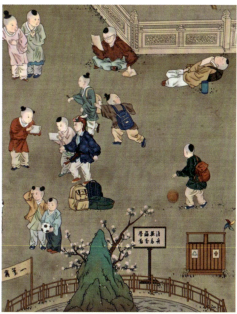

图1-9 上海地铁11号线徐家汇站站厅内景
(图片来源:http://xhslink.com/Rs2RNK)

1.5 高原之巅的地下动脉——墨西哥地铁

墨西哥城是墨西哥的首都。墨西哥城位于墨西哥高原南部的一个山谷中，平均海拔约2240米，是著名的国际化大都市。

墨西哥城的人口密度非常高，交通拥堵问题十分严重。为了缓解交通压力，提高城市运行效率，墨西哥政府在20世纪60年代开始规划建设地铁系统。1969年9月4日，墨西哥城正式开通地铁，成为拉丁美洲第二个拥有地铁的城市（第一个是阿根廷的布宜诺斯艾利斯）。

墨西哥城地铁（图1-10）由公立机构 Sistema de Transporte Colectivo（STC）建造、运营和开发。截至2024年，墨西哥城地铁共有12条线路，以不同颜色和编号区分（编号从1至9，加上12、A和B）。其中，A线列车使用钢制车轮，其余线路列车使用橡胶轮胎。

墨西哥城地铁属于海拔较高的地铁系统。这对地铁的设计、建造和运营都提出了很高的要求。例如，为了适应高海拔的气候条件，地铁列车必须具备良好的通风、制冷和加热功能；为了减少能耗和噪声，地铁列车必须采用轻型材料和先进技术；为了保证安全和舒适，地铁列车必须配备紧急制动、疏散和通信系统等。

除了交通功能外，墨西哥城地铁还具有文化和历史价值。玛雅、托尔特克和阿兹特克等的遗迹和文物被保存在地铁站内或附近的博物馆中，供乘客和游客欣赏。此外，墨西哥城地铁还展示了当代艺术家的作品，如壁画、雕塑、摄影等。每个地铁站都有自己的标志性图案或符号，反映了该站的名称、位置或主题。

墨西哥城地铁是一个个充满活力和创意的公共空间，它连接了城市的过去和现在，文化和生活，展示了墨西哥的多元化。

墨西哥地铁发展阶段

初期建设阶段（1967—1972年）：墨西哥城地铁的建设始于1967年，当时政府决定在城市中心区域建造一条地铁线路，以缓解交通拥堵问题。1969年9月4日，第一条地铁线路正式开通运营，从 Zaragoza 到 Chapultepec。在接下来的几年里，政府陆续开工建设了其他地铁线路。墨西哥地铁的每条线路都有固定的颜色，例如2号线是蓝色，1号线是

图1-10 墨西哥地铁线路图（2021年数据）
（图片来源：v2-ea5bbc75ea235c673f66705e7bff60b0_r.jpg (3390×3579) (zhimg.com)）

粉色等。但是地铁列车的颜色并不与线路颜色相匹配。相反，它们五颜六色（图1-11、图1-12），非常炫目。这种视觉上的多样性为墨西哥城的地铁增添了活力和趣味。

扩张阶段（1973—1985年）：墨西哥城地铁在20世纪70年代和80年代迅速扩张，新建了多条地铁线路和车站。1978年，第一条高架桥地铁线路（Line 3）开通运营，从Indios Verdes到Universidad。1985年9月19日，墨西哥城发生了强烈的地震，造成了严重的人员伤亡和财产损失。地震对墨西哥城地铁的运营和发展产生了很大影响。

现代化阶段（1986年至今）：为了提高墨西哥城地铁的安全性、舒适性和效率，政府在20世纪80年代末和90年代初实施了一系列现代化改造和升级工程。例如，政府引进了新型列车、信号系统、通信系统、安全设备等，并对车站、隧道、轨道等进行了维修和改造。1994年，第一条橡胶轮胎地铁线路（Line 9）开通运营，从Pantitlán到Tacubaya。除了承担日常的运输任务，墨西哥地铁的一些车站充满了艺术气息，成为地下的艺术博物馆。如Hidalgo站（图1-13）内拥有一处艺术画廊，人们可以欣赏新型壁画表现形式。Zócalo站和Pino Suárez站保存着金字塔、绘画作品和模型。墨西哥地铁博物馆位于Mixcoac站，展示着丰富的历史和文化。同时，在站名的表达上，为了让文盲也能看懂，采用了图画的形式（图1-14）。

图1-11 墨西哥地铁站厅内景
（图片来源：https://www.meipian.cn/q6l85a6）

图1-12 墨西哥地铁站厅内景
（图片来源：http://k.sina.com.cn/article_6458965413_180fbfda500100g793.html?cre=tianyi&mod=pcpager_focus&loc=12&r=9&doct=0&rfunc=100&tj=none&tr=9）

图1-13 墨西哥地铁站厅内景
（图片来源：https://q3.itc.cn/q_70/images03/20240323/bd68e36457854106be5a147e362a0dc1.jpeg）

图1-14 墨西哥地铁车厢导视内景
（图片来源：https://www.meipian.cn/q6l85a6）

1.6 曾经的速度之王——旧金山地铁

在现代城市交通史上，旧金山地铁（图1-15）曾以其惊人的速度和创新的设计，成为全球瞩目的焦点。旧金山地铁不仅是技术的象征，更是城市发展的重要里程碑。旧金山地铁的最高时速曾达到128千米，这一速度在2019年以前被认为是全球无"地铁"能敌的。这一成就展示了美国在地铁技术上的领先地位，也为其他城市提供了宝贵的经验和参考。

旧金山地铁的成功离不开其背后的技术创新。为了达到如此高的速度，工程师们在设计和建造过程中克服了诸多挑战。从轨道材料的选择到列车的空气动力学设计，每一个细节都经过精心考量和反复测试。特别是在地震频发的旧金山地区，地铁系统还必须具备极高的安全性和稳定性。旧金山地铁不仅是交通工具，更是城市发展的引擎。它的高速运行极大缩短了市区与郊区之间的通勤时间，促进了城市的扩展和经济的发展。地铁沿线的商业和住宅区迅速崛起，带动了整个城市的繁荣。旧金山地铁代表了一个时代的技术巅峰，是城市交通发展史上的重要篇章。未来，随着科技的不断进步，地铁系统将变得更加智能和高效，为人们的生活带来更多便利。

美国旧金山地铁发展阶段

规划阶段（1944—1969年）：这一阶段是旧金山地铁的构想和设计阶段，由旧金山市政府和旧金山湾区快速交通委员会（BART）共同负责。1944年，旧金山市政府发布了《旧金山市区交通计划》，提出了

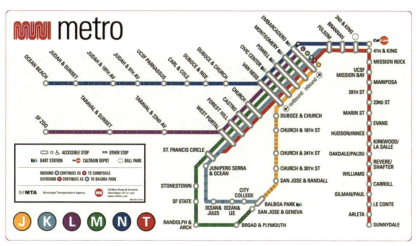

图 1-15 旧金山地铁线路图（2024 年数据）
（图片来源：https://www.sohu.com/a/194995515_244866）

建设地铁系统的设想。1957年，旧金山湾区快速交通委员会成立，负责规划和协调地铁项目。1962年，旧金山湾区快速交通委员会发布了《旧金山湾区快速交通计划》，确定了地铁的路线和站点。1969年，旧金山市政府和旧金山湾区快速交通委员会签署了合作协议，正式启动地铁建设。

建设阶段（1970—1980年）：这一阶段是旧金山地铁的实际开工和完工阶段，由旧金山湾区快速交通委员会主导，分为两个阶段进行。第一阶段（1970—1976年），建设了从旧金山市中心到奥克兰市中心的跨海湾隧道和线路，以及从奥克兰市中心到康科德、弗里蒙特和里士满的三条支线。第二阶段（1977—1980年），建设了从旧金山市中心到达利城的线路，以及从达利城到科尔马、米尔布雷和圣马特奥的三条支线。1980年，旧金山地铁的第一期工程全部竣工，共有8条线路。

扩展阶段（1981年至今）：这一阶段是旧金山地铁（图1-16）在原有基础上进行延长和改造的阶段，由旧金山湾区快速交通委员会继续负责，并根据不同的时间段制定了不同的扩展计划。1981—1995年，实施了第二期扩展计划，延长了从弗里蒙特到瓦莱霍、从科尔马到圣弗朗西斯科国际机场、从米尔布雷到圣何塞等三条线路。1996—2010年，实施了第三期扩展计划，延长了从圣何塞到圣克拉拉、从瓦莱霍到安提奥克、从里士满到海沃德等三条线路。2011年至今，实施第四期扩展计划，计划延长从圣克拉拉到圣塔克拉拉、从安提奥克到布伦特伍德、从海沃德到联合城等三条线路。

图1-16 旧金山地铁站厅内景
（图片来源：http://xhslink.com/8arw9J）

1.7 交错纵横的地下迷宫——东京地铁

东京地铁（图1-17）是服务于日本东京都区部及其周边地区的城市地铁系统，包括东京地下铁和都营地下铁两个地铁系统的全部线路，以及与多条私营铁路和JR（日本铁路公司）线路实行直通运转的线路。其英文名Tokyo Subway取自东京地下铁（Tokyo Metro）的Tokyo和都营地下铁（Toei Subway）的subway。东京是亚洲最早拥有地铁的城市，也是世界上地铁路网极为复杂的城市之一。

东京地铁的历史可以追溯到1927年。随着东京城市化的发展，东京地铁不断扩张和改造，逐渐形成了覆盖东京都内各个主要区域和周边城市的庞大网络。截至2024年，东京地铁共有13条线路，285个车站，运营里程达到326千米，每天平均客流量达到900万人次。

东京地铁的特点是线路众多、车站密集、换乘方便、运行准时、服务优质。由于东京地理环境的复杂性，东京地铁采用了多种技术和方式来适应不同的条件，如高架、地下、水下、盾构、开挖等。同时，为了满足不同客户群体的需求，东京地铁还提供了多种票价制度和优惠措施，如日票、周票、月票、年票、通勤证、学生证等。

东京地铁不仅是一种高效便捷的交通工具，也是展示东京文化和风情的载体。每条线路都有自己的标志色和编号，方便乘客识别和记忆。每个车站都有自己的设计风格和装饰主题，反映了所在区域的特色和历史。有些车站还开展艺术展览或音乐演出等活动，增添了乘客的乐趣。

东京地铁是世界上地铁路网极为复杂的地铁之一，也是日本社会经济发展和城市文明建设的重要组成部分。它为广大乘客提供了方便快捷、安全舒适、富有魅力的出行选择，并为促进东京与其他城市以及国际社会的交流与合作发挥了重要作用。

东京地铁发展阶段

起步阶段（1927—1945年）：这一阶段以开通日本第一条地下铁路——银座线为标志，它连接了上野和浅草两个繁华的商业区。

恢复阶段（1946—1954年）：这一阶段以战后重建和恢复运营为主要任务，东京地铁开始着手解决交通拥堵和落后的问题。在这一期间，东京地铁开通了新的线路，如丸内线（Marunouchi Line）和日

图 1-17 东京地铁线路图（2024 年数据）
（图片来源：东京 Metro 地铁官方网站 (tokyometro.jp)）

比谷线（Hibiya Line），并对原有的线路进行了延长或改造。

发展阶段（1955—1978年）：这一阶段以满足城市交通需求为主要目标，开始了规模化、多样化和现代化的建设。在这一期间，东京地铁开通了多条新线路，如千代田线（Chiyoda Line）、东西线（Tozai Line）、有乐町线（Yurakucho Line）、半藏门线（Hanzomon Line）等，并引入了国外先进的技术和设备，如无人驾驶、自动售票机、自动检票机、电子支付卡等。

转型阶段（1979—2004年）：这一阶段以适应社会经济变化为主要特征，实现了从政府主导到市场导向的转型。在这一期间，东京地铁进行了体制改革，将原来由政府管理的地下铁道公司（Teito Rapid Transit Authority）分割为两个私营公司——东京地下铁株式会社（Tokyo Metro Co., Ltd.）和都营地下铁事业本部（Toei Subway Bureau）。同时，东京地铁也推进了与多条私营铁路和JR线路实行直通运转的合作，提高了运输效率和便利性。

创新阶段（2005年至今）：这一阶段以提高服务质量和效率为核心，不断探索新技术和新模式的应用。在这一期间，东京地铁开通了新的线路，如副都心线（Fukutoshin Line）、南北线（Namboku Line）、有乐町新线（Yurakucho New Line）等，并对原有的线路进行了延长或改造。此外，东京地铁还在不断推进智能化、绿色化、人性化等方面的创新（图1-18），如实现了全网手机信号覆盖、全网电子票证应用、全网屏蔽门安装、全网无障碍设施完善等。

图 1-18 东京地铁站厅内景
（图片来源：https://www.bilibili.com/video/av716136686/?vd_source=1b2f2fbe9d2dc27b6bbfb784ce6a28c7 ）

1.8 辉煌美丽的地下宫殿——莫斯科地铁

莫斯科地铁（图1-19）是俄罗斯首都莫斯科的城市地铁系统，它以华丽的车站装饰、深入地下的隧道和高效的运营而闻名，被誉为"地下的艺术殿堂"。

莫斯科地铁的开通运营可以追溯到1935年5月15日，当时苏联政府为改善首都的交通状况和增强国防能力，正式开通第一条地铁线路。这条线路从索科里尼基公园站到文化公园站，全长11.6千米，设有13个车站。从那时起，莫斯科地铁不断扩展和完善。

莫斯科地铁的特色在于它的车站设计，它由俄罗斯国内著名建筑师设计，各有其独特风格和主题，反映历史、文化、政治和民族特色。车站内部使用了大量的大理石、花岗岩、陶瓷、玻璃等材料，镶嵌出各种浮雕、雕塑、壁画、镜子和灯具，形成了富丽堂皇的视觉效果。有些车站还配有音乐、喷泉、钟表等元素，增添了活力和趣味。

莫斯科地铁极具代表性的车站有很多。

红场站：是莫斯科地铁古老的车站之一，靠近著名的红场。车站内部装饰着红色和白色的大理石柱子和墙壁，顶部有圆形的灯罩和星形图案。车站两侧还有苏联国徽和列宁像。

革命广场站：这是莫斯科地铁最壮观的车站之一，靠近克里姆林宫。车站内部有76个青铜雕像，分别描绘了苏联各阶层和行业的人物，如工人、农民、士兵、学生、运动员等。这些雕像被认为是幸运符号，许多乘客都会摸摸他们的身体部位来祈求好运。

梅捷奇卡河畔站：这是莫斯科地铁颇为美丽的车站之一，位于浅绿线上，靠近梅捷奇卡河。车站内部装饰着金色和绿色的大理石墙壁和拱门，顶部有彩色玻璃镶嵌画和水晶吊灯。墙壁上还有苏联海军英雄的肖像和奖章。

除了车站的美观，莫斯科地铁还以其深度而闻名。由于莫斯科地铁最初是为了军事目的而建的，因此大部分线路都建在地面以下50米处，有些甚至达到80米或100米。这些深层的车站都配有长而陡的自动扶梯，乘客需要花几分钟时间才能到达地面。

莫斯科地铁不仅是一种交通工具，也是一种文化现象。它见证了俄罗斯的历史变迁，展示了俄罗斯的艺术成就，体现了俄罗斯的民族精神。它是莫

图1-19 莫斯科地铁线路图（2024年数据）
（图片来源：莫斯科 — 地铁地图(yandex.com)）

斯科市民生活的一部分，也是世界各地游客打卡的景点。

莫斯科地铁发展阶段

初创阶段（1935—1955年）：这一阶段是莫斯科地铁的诞生和发展阶段，由苏联领导人斯大林提出并亲自监督地铁建设。1935年5月15日，莫斯科地铁第一条线路——红线（现索科尔尼基线）开通运营，连接了莫斯科市中心和北部郊区。这条线路沿途设有13个车站，其中著名的有革命广场站、库兹涅茨基桥站、奥霍特内站等。这些车站都采用了豪华的装饰风格，使用大理石、花岗岩、青铜、水晶等材料，并镶嵌各种浮雕、壁画、马赛克等艺术作品。这些作品主要反映了苏联的政治、经济、军事、文化等主题，歌颂了共产主义和斯大林的领导。在这一阶段，莫斯科地铁还开通了绿线（现扎莫斯科列茨卡亚线）、蓝线（现阿尔巴特斯科—波克罗夫斯卡亚线）和棕线（现圆环线），形成了初步的网络结构。

扩张阶段（1956—1985年）：这一阶段是莫斯科地铁的快速增长和改造阶段，由苏联领导人赫鲁晓夫和勃列日涅夫推动并实施地铁的增长与改造。在这一阶段，莫斯科地铁开通了橙线（现卡卢日斯科—里热夫斯卡亚线）、灰线（现塞尔皮霍夫斯卡亚—捷姆金诺线）、紫线（现塔戈安斯科—克拉辛斯卡亚线）、黄线（现卡里宾斯卡亚线）、浅绿线（现利亚宾斯科—杜布罗夫卡亚线）等多条新线路，并对原有的红线、绿线、蓝线进行了延长或改造。这些新线路都采用了更简洁、实用、节约的设计风格，使用了混凝土、钢筋、玻璃等材料，并减少了装饰性的艺术作品。这些作品主要反映了苏联的科技、工业、农业、教育等主题，展示了社会主义的建设和发展。

改革阶段（1986—2000年）：这一阶段是莫斯科地铁的转型和创新阶段，由苏联领导人戈尔巴乔夫和俄罗斯领导人叶利钦引领并实施地铁的转型与创新。在这一阶段，莫斯科地铁开通了深蓝线（现利亚宾斯科—索洛特尼基线）、浅蓝线（现阿尔巴特斯科—波克罗夫斯卡亚—卡卢日斯科—里热夫斯卡亚线）、绿色分支线（现卡卢日斯科—里热夫斯卡亚分支线）等多条新线路，并对原有的棕线、橙线、灰线进行了延长或改造。这些新线路都采用了更多样、个性、开放的设计风格，使用了各种颜色、形状、材料等元素，并增加了装饰性和象征性的艺术作品。这些作品主要反映了苏联和俄罗斯的历史、文化、民族、宗教等主题（图1-20），表达了多元化和民主化的理念和价值。

现代阶段（2001年至今）：这一阶段是莫斯科地铁的发展和完善阶段，由俄罗斯领导人普京和梅德韦杰夫指导并实施地铁的发展与完善。莫斯科地铁开通了粉红线（现索科尔尼基—米季亚诺沃切沃德斯卡亚线）、水绿色分支线（现扎莫斯科列茨卡亚分支线）、深绿色分支线（现扎莫斯科列茨卡亚—克拉辛斯卡亚分支线）等多条新线路，并对原有的紫线、黄线、浅绿线进行了延长或改造。新线路都采用更现代、高效、舒适的设计风格，使用LED灯、LCD屏幕、无障碍设施等设备，并保留或恢复了部分经典的艺术作品。这些作品主要反映了俄罗斯的自然、城市、体育、娱乐等主题，展现了现代化和国际化的风貌和气息。

图 1-20　莫斯科地铁站厅内景
（图片来源：https://www.sohu.com/a/128735903_117277 ）

1.9　服务之旅的典范——广州地铁

广州地铁（图1-21）是中国广东省广州市和珠江三角洲的城市地铁系统，是国际地铁联盟（CoMET）的成员，其首条线路广州地铁1号线于1997年6月28日开通运营。截至2024年11月，广州地铁运营线路共16条，共设车站316座，运营里程662.6千米。

广州地铁如何保障运营安全和乘客安全呢？广州地铁在这方面有哪些特色和优势呢？

首先是设备设施。广州地铁采用了先进的车辆、信号、供电、通信等设备设施，保证了列车的正常运行和调度。同时，广州地铁还在所有车站安装了屏蔽门，有效防范了乘客跌落或进入轨道区域的风险。此外，广州地铁还配备了完善的应急设备和消防设施，如灭火器、疏散指示灯、应急电话、应急出口等，以应对各种突发情况。

其次是管理规章。广州地铁制定了一系列的管理规章制度，规范了运营管理、安全检查、乘客服务等各个环节。其中，《广州市城市地铁管理条例》是广州地铁的法律依据，明确了各方的权利和义务，以及违法违规的处罚措施。此外，广州地铁还制定了《广州市城市地铁安全预警与应急平台管理办法》等专项规章制度，建立了安全预警与应急平台，实现了信息共享和快速响应。

最后是服务设施。广州地铁为乘客提供了便捷舒适的服务设施，如自动售票机、自动检票机、无障碍电梯、盲道、候车座椅、充电桩等。同时，广州地铁还通过多种渠道发布运营信息和服务信息，如车站电子屏幕、车厢内外广播、官方网站、官方微信、官方APP等。此外，广州地铁还开展了一系列的文化特色活动，如地铁图书馆、主题列车、拾光音乐厅等，丰富了乘客的出行体验。

重要的是广州地铁的安全检查。广州地铁实行了全面的安全检查制度，要求所有进入车站的乘客和物品都必须经过安检仪器或人工检查。安检仪器包括金属探测门、X光机、液体探测仪等。人工检查包括对可疑物品或人员进行询问、检查、登记等。安全检查的目的是防止危险品或违禁品进入车站，保障乘客和地铁的安全。

广州地铁发展阶段

初创阶段（1997—2000年）：这一阶段是广州地

图 1-21　广州地铁线路图（2024 年数据）
（图片来源：广州地铁线路图_2024最新广州地铁线路图_广州地铁地图 – 广州本地宝(bendibao.com)）

铁的诞生和开通阶段，由广州市政府主导建设。1997年6月28日，广州地铁1号线开通运营。2000年12月28日，广州地铁2号线开通运营，这是一条使用直流电牵引系统的地铁线路。

扩张阶段（2001—2010年）：这一阶段是广州地铁的快速发展和扩张阶段，以迎接亚运会为契机，实现了空前的规模增长和服务提升。在此期间，广州地铁先后开通了3号线、4号线、5号线、8号线、APM线等多条新线路，并对原有的1号线、2号线进行了延长或改造。

转型阶段（2011年至今）：这一阶段是广州地铁的转型升级和创新发展阶段，以满足大湾区一体化和城市高质量发展为目标，不断探索新技术和新模式的应用。在此期间，广州地铁先后开通了6

号线、7号线、9号线、13号线、14号线、21号线等多条新线路，并对原有的3号线、4号线、5号线、8号线等进行了延长或改造。此外，广州地铁还在不断推进智能化、绿色化、人性化等方面的创新。2022年，广州地铁8号线彩虹桥站（图1-22）开通运营，其内部空间设计极其绚烂：乘客行走在五彩缤纷的马赛克墙边，仿佛置身彩虹之中，下楼楼梯旁的墙面有镭射效果，映出一道道彩虹；站内吊顶灯的一层层肌理似宁静的海浪，颜色随着内置灯带不断变换，完全没有行走在地下的压抑感。

图1-22　广州地铁站站厅内景
（图片来源：http://xhslink.com/TQGB9J）

② 同向同行：国内典型案例评鉴

- 北京地铁
- 上海地铁
- 深圳地铁
- 天津地铁
- 西安地铁
- 杭州地铁
- 长沙地铁
- 成都地铁
- 昆明地铁
- 大连地铁

在本章中，将通过对国内北京、上海、深圳、天津、西安、杭州、长沙、成都、昆明、大连等十座城市的地铁系统的典型案例进行实地调研，以散文的形式，来探讨地铁空间设计的多元性和复杂性。

我们将从以下两个方面进行评鉴。

一方面，地铁系统的历史发展。回顾各个地铁系统的发展历程，了解它们的起源、发展阶段和重要里程碑，以及它们如何影响和塑造城市的形态和功能。

另一方面，地铁空间的设计特点。分析各个地铁系统的空间设计特点，包括站点布局、设施配置、装饰风格等方面，以及这些设计如何反映和传达城市的文化和精神。

2.1 北京地铁

2.1.1 民族风情——19号线牛街站

久闻北京地铁风景靓丽，其中19号线更是首都一道亮丽的风景线。乘坐着其中的豪华车厢进入一座座站点，它们果真让人流连忘返，艺术的气息仿佛雨后湿润的空气，带着草木的芬芳与泥土的气息，自然舒适使人沉醉其中。牛街站（图2-1）的主题是异域风情，与想象中不同，站点的设计不是单纯的异域符号堆砌，而是将民族元素巧妙地融入了空间的各个细节。

随着报站的提示音走下列车，"房梁"上精美的彩绘就吸引了我的目光，深蓝色与橙红色交相辉映，用明艳的颜色奏出华美的文化乐章，精致的纹样点缀其上：莲花、祥云……无不彰显着传统之美！目光上移，拱形的屋顶向上"挖出"一个个方形空间，里面装饰着精美的民族纹样，而灯光则从侧面映照，在满足照明需求的同时，巧妙地展示了异域之美。

从站台空间缓步走上站厅空间，回头看去，在拱形的门洞里还有一幅洋溢热带风情的壁画：在芭蕉叶、龟背竹等热带绿植中两只五彩斑斓的金刚鹦鹉栩栩如生，似要一同去某处觅食，又似在嬉戏玩闹。红色的背羽与尾羽在一片翠绿中尤为显眼，娇艳欲滴。

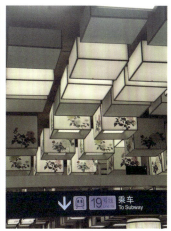

图 2-1　北京地铁 19 号线牛街站站厅内景（图片来源：作者自摄）

2　同向同行：国内典型案例评鉴　/　033

来到站厅空间，被眼前的美震撼：中心是几位少数民族的青年欢聚一堂载歌载舞共享美食的马赛克拼贴艺术壁画。里面的人物姿态优美，生动形象，充满着蓬勃向上的生命力与朝气；画卷朝着左右两边延展开来。各个少数民族的生活场景——展现在了我们的眼前，瑰丽的色彩搭配、独具特色的美术风格、百花齐放的民族风俗描画着祖国美好繁荣的当下与未来！

在这片艺术与文化交织的空间中，感受到的是一种深深的自豪。牛街站是一个交通枢纽，更是一个展示民族风情与文化底蕴的艺术殿堂。每一处细节都在诉说着历史的厚重与文化的多样，仿佛在向每一位乘客讲述着一个个动人的故事。

站在这片美丽的空间中，我仿佛看到了各族人民在这片土地上和谐共处、共同繁荣的美好画面。它好像在提醒着我们，无论时代如何变迁，文化的根脉永远不会断裂，将继续滋养着我们的心灵，激励着我们前行。

2.1.2 潭波回影——19号线积水潭站

曾经的漕运码头——积水潭站（图2-2），也曾经是皇家御用的洗象池。和皇家牵扯上关系的事物总会使人多上那么一丝向往。乘着扶梯缓缓下行，不免心想：这一次又将遇见怎样的空间设计，是运用更加华贵繁复的装饰来体现皇家威严，还是运用现代媒体来讲述其前世今生？

进入站厅的一瞬，如沐一阵清风，进入站点前的躁热一扫而去，内心满是清凉：站厅空间的主色调是沁人心脾的薄荷绿，配上精巧的镂空雕花，在体现中式美学——犹抱琵琶半遮面的意蕴之外还给人以轻盈之感，使得空间完全没有压迫沉重的感觉。而站厅墙壁上用剪纸的形式刻画了周边的建筑与景色：层层叠叠的房屋伴随着棵棵良木坐落在如丝绸一般的水面边，一两只船在河上运送着货物，两只大象在劳工的指挥下用河水濯洗着身子。其中一个劳工坐在象背上，似挠头思考着什么事情，又似用手中不知名的植物掏着耳朵。绘卷上下红色的荷花与祥云在一片青色中并不突兀，反倒是交相辉映形成一幅绝美的剪纸画，向人们讲述着历史长河中积水潭的一隅。在壁画的同侧和对侧用月洞门框出一幅幅积水潭的剪纸映画……

走到乘车的楼梯口抬头向上望去，几尾镶嵌着五色祥云的锦鲤游曳在上空，泛起层层波纹，让人忍不住驻足观赏。而走入换乘空间，一幅马赛克拼贴的水景长卷映入眼帘，几尾鲜红的锦鲤在水草之间游曳，宛若活物一般，令人叹为观止。

积水潭站的设计独具匠心，采用环保的微晶石材料，体现现代环保理念，为整个空间增添一分自然的质感。站点主题围绕大象和运河展开，通过现代艺术的手法，将这两个元素巧妙地融合在一起。大象象征着力量与智慧，而运河则代表着历史的流淌与繁荣。设计师们用精美的艺术语言，将这些元素生动地呈现在我们眼前，带我们穿越时空，一窥积水潭昔日的辉煌与繁华。每一处细节都在诉说着这片土地的故事，让人们在忙碌的都市生活中，感受到历史的厚重与文化的深厚。

图2-2 北京地铁19号线积水潭站站厅内景（图片来源：作者自摄）

2.2 上海地铁

2.2.1 行云流水——14号线豫园站

茅盾曾这样描述上海:"上海是一座充满了生机和变化的城市,它既有着历史的厚重和沧桑,又有着时代的脉搏和风尚。它既有着文化的深厚和多元,又有着商业的繁荣和竞争。"

今天我想向大家分享的豫园站(图2-3)就位于上海地铁14号线上。14号线是一条连接浦东与浦西的重要地铁线路,从行进路线上来看,可以说它穿越了上海的历史与现代、文化与商业、传统与创新。在这条线路上,每个站点都是风格鲜明的艺术空间,生动地展示着上海的城市魅力和人文精神。其中,豫园站更是以其深度达36米的地下空间和独特的设计理念,吸引了无数乘客和游客的目光。

豫园站位于城市核心区的南京东路步行街附近,是城市公共交通的重要节点,也是该区域的形象门户与旅游起始点。从这里出发,游客可以轻松到达豫园、城隍庙、外滩等著名的历史文化景点,感受上海的现代都市风貌和繁华商业氛围。豫园站作为上海当时下挖最深的地铁站,在空间设计之初就有诸多的限制,尤其是不能改变的墙、柱、楼板层高等建筑条件给站厅设计带来了不小的挑战。当然,更为深层次的是该区域的文化底蕴丰厚,设计的表现更不能以简单的符号来粗暴概括。最终,设计师运用了两种设计元素:水和曲线。

豫园站的设计主题为"上海脉搏",因为豫园站连通浦东,头顶上是黄浦江,所以整个设计用的是象征浦江的波浪形状:水花每拍打一次,就像脉搏跳动了一下,展现出上海这座城市的生命力和活力。豫园站的天花板同样呈现水波状的曲线,这些曲线天花板的"水浪"拍打到柱子上,为空间营造充满节奏的律动。据了解,这些曲线背后还有一些巧思:设计团队经过多次调整,利用柱廊横向与纵向曲面相切,一举同时生成"西方的拱廊"和"东方的飞檐",中西融合,这就是豫园站曲线的基本几何逻辑,巧妙而含蓄地诠释了区域文化!

在颜色上,除了基础的浪花白,这里还预设了很多其他灯光效果,以便营造不同的节日氛围。比如,在春节期间,天花板会呈现红色和金色,象征喜庆和吉祥;在中秋节期间,天花板会呈现月亮形状和银色,象征团圆和美好;在国庆节期间,天花板会呈现五星红旗和国徽图案,象征爱国和荣耀。

图 2-3　上海地铁 14 号线豫园站站厅内景
（图片来源：http://xhslink.com/OJj4xP）

这些灯光效果不仅增加了站厅的视觉冲击力和美感，也提升了站厅的情感表达力和文化内涵。

在材料上，设计师选择了不锈钢作为主要材料，因为它具有高度反射性和耐久性。不锈钢能够反射出水波的光影变化和人流的动态效果，增加了空间的层次感和立体感。同时，不锈钢也能够抵抗地下环境的湿度和腐蚀，从而保证空间的质量和安全。此外，设计师还在部分区域使用了木材和石材，以平衡不锈钢的冷感和硬感，增加了空间的温度和质感。

豫园站是一座集艺术与科技、历史与现代于一体的地铁站，在这里我们能感受到地铁不仅是一种交通工具，也是一种文化载体。该地铁站让乘客和游客在进出站的过程中，感受到上海的城市脉搏，欣赏到上海的城市美学，理解到上海的城市精神，是一座值得我们探索的地铁站。

2.2.2　黑白对撞——18号线丹阳路站

上海，这座充满了魅力和活力的城市，它的

历史和现代、工业和文化，都在浦江两岸交织和碰撞。在这里，有一座地铁站，用黑白两色来诠释这座城市的发展和变迁，它就是丹阳路站。

地铁18号线丹阳路站（图2-4）位于杨浦区的江浦路与丹阳路交叉口。这里曾是上海的工业重镇，拥有众多的工厂和码头，见证了上海的工业化和现代化进程。如今，这里正经历着城市更新和转型，拥有众多的商业和文化设施，展现了上海的创新和多元发展。

丹阳路车站衔接杨浦滨江与百年水厂，空间设计通过各种细节，展示着杨浦滨江从"工业锈带"到"生活秀带"的变迁史。丹阳路站在同一空间使用反色色系，西南侧与渔人码头C区连接处的走廊采用明亮鲜艳色系的装修风格，东侧车站采用与周边环境相辉映的复古系暗色调的装修风格，历史和未来的长河在此交汇。

站名墙两侧一黑一白，它用黑白两色来表达这里的过去和现在，一边展示着杨浦滨江的多彩风貌，另一边是黑底照片。我们拿起手机或相机以从右往左的角度拍摄，就可看到以往杨浦滨江附近的丹阳路旧址。

进入丹阳路站，首先映入眼帘的是站厅西侧的黑色部分。这里采用了不设吊顶管线裸露的设计，展现了工业感和原始感。黑色给人一种沉稳、冷静、神秘和深邃的感觉。它与周围的环境形成了鲜明的反差，也与站厅东侧的白色部分形成了对比。

白色部分覆盖了整个站厅东侧。白色给人一种轻盈和明亮的感觉，也给人一种纯净和清新的感觉。白色是一种中性色，它与周围的环境融合在一起，也与站厅西侧的黑色部分融合在一起。

这其实也像无数在上海打拼的年轻人。他们穿梭在这座城市的"血管"里，有的沉默，有的焦虑，有的无奈，有的期待。他们在这座大都市中为自己的梦想和生活而奋斗，有着各自的故事、不同的精彩。

上海是一座注重隐私的城市。它或许像是营造一个乌托邦、不被打扰的世界，少一些打量、评判，多一些尊重与包容。人群在黑白中流动，摸索自己的方向和归属，实现自己的目标和价值，享受当下的自得与满足。

地铁确实是一种奇妙的交通工具，它让我们相遇又分离，让我们相伴又陌生。它让我们看到了这座城市的多样性和活力，也让我们感受到了这个社会的复杂性和艰难。它让我们思考自己的人生和未来，也让我们珍惜自己的当下和现在。

图 2-4　上海地铁 18 号线丹阳路站站厅内景
（图片来源：http://xhslink.com/Pf07xP）

2.3 深圳地铁

2.3.1 数学之美——4号线岗厦北站

有幸乘坐深圳地铁,体验了其中的几个站点,感受到了它们的独特魅力。在这里,我从一个现代化的商业中心,到一个古老的"渔村",看到了深圳这座城市的多元和包容。

岗厦北站(图2-5)是深圳地铁4号线的一个重要站点,它以其独特的建筑设计和空间布局,展现了深圳这座城市的创新和活力。

岗厦北站显著的特征是一个直径为30米的圆形天窗,它位于地下车站的中央,为车站提供了自然光线和通风。天窗下方是一个透明的玻璃隧道,连接着两个月台。当列车穿过隧道时,乘客可以看到天空和云彩,也可以看到对面月台的人群。这种设计创造了一种独特的视觉效果,让乘客感觉自己置身于一个巨大的眼球中,也展示了深圳这座城市的开放和包容。

岗厦北站的另一个特征是沿着费马螺线的轨迹设计的天花板,它从天窗向外延长,形成了一个优美的弧形结构。费马螺线是一种数学上的曲线,它从一个固定的点开始,以指数增长的方式向外螺旋。这种曲线具有无限延长和无限接近的特性,寓意着深圳的发展潜力和无限可能。天花板上装饰着数千个LED灯,它们可以根据时间和季节变换颜色及亮度,营造出不同的氛围。这种灯光设计不仅增加了车站的美感和趣味性,也节省了能源和成本。

2.3.2 大美自然——5号线五和站

五和站(图2-6),作为深圳地铁5号线和10号线的换乘站,以其独特的设计和艺术装饰,成为深圳市的一道亮丽风景线。

走进五和站,首先映入眼帘的是宽敞明亮的站厅。站厅的设计简洁大方,蓝色和白色的主色调让人感到清新舒适。天花板上模拟围屋的线条设计,仿佛将人带入了一个现代与传统交融的空间。柔和的灯光洒在地面上,营造出一种温馨的氛围。站厅的布局合理,售票机、闸机、客服中心等设施一应俱全,方便乘客的出行。

站厅内的壁画《大美自然》尤为引人注目。这

图 2-5 深圳地铁 4 号线岗厦北站站厅内景
（图片来源：http://xhslink.com/PbllyP）

图 2-6　深圳地铁 5 号线五和站站厅内景
（图片来源：http://xhslink.com/rN0oyP）

幅壁画由艺术家贺鹏琪、贺阳明、臧烁创作,以自然景观为主题,展现了深圳这座城市的生态之美。壁画中,山川、河流、花鸟虫鱼栩栩如生,仿佛在诉说着大自然的故事。艺术家通过细腻的笔触和丰富的色彩,将深圳的自然风光描绘得淋漓尽致。壁画中的每一个细节都充满了生命力,仿佛能让人感受到大自然的呼吸。

　　站在壁画前,仿佛能听到风吹过树梢的声音,看到鸟儿在天空中自由飞翔的景象。每一处景物都被艺术家赋予了独特的灵魂,细腻的笔触和精湛的工艺让人叹为观止。壁画是艺术家的心血结晶,是对深圳自然风貌的生动诠释。它传递出一种宁静而又充满活力的力量,激励着每一位经过这里的乘客。

　　五和站的设计注重美观,强调实用性。站厅内的指示牌清晰明了,方便乘客找到出口和换乘线路。站内设有多个出入口,连接着周边的商业区和住宅区,方便市民的出行。无论是上下班的高峰时段,还是周末的休闲时段,五和站总是人来人往,充满了生机和活力。

2.4 天津地铁

2.4.1 百年金街——4号线金街站

天津地铁4号线的特色站——金街站（图2-7），是以"津贸胜景"为主题的四座地铁站之一，它展现了"百年金街"的主题，在颜色上选择了富丽堂皇且代表"金街"的金色。走进天津地铁站4号线的金街站，在脚下能看到金街标志的"大铜钱"，金街繁华、热闹的气息扑面而来。

金街站设置在天津的著名商业街"和平路"上，从金街站下车来到地面便可以直接到达和平路，附近还有百年老店，沿福安大街东北方向，还可到达著名的海河桥"北安桥"。站点借鉴周边原各国租界建筑的设计风格，并融入天津地铁车站的设计风格。车站整体为金色色调，吊顶、柱面、栏杆扶手等金属装修部分大部分采用金色系，将大都市的繁华感很好地勾勒出来。设计充分利用车站中跨空间高度，提升了视觉感，设置弧形吊顶并喷绘金街附近有代表性的历史商业建筑。

地铁站的墙面造型为石材门牌，形成了一个中西结合韵味独特的商业空间，展现了天津商贸历史悠久、源远流长的特点。墙面的浅米色瓷砖结合吊顶柱面烤漆铝板的金色设置，使整体车站装修给人以金碧辉煌的感觉。车站出入口处还设置了多件有关天津建筑历史的浮雕画作，向公众展示天津悠久的文化商业历史，链接着地上周边的人文历史。

金街站能够让乘客在其中行走时一下穿越回百年前天津金街的街头，仿佛是时空旅行的入口。扑面而来的复古气息，将老天津卫城市肌理真实地还原出来。

2.4.2 沽水流霞——4号线六纬路站

六纬路站（图2-8）位于河东区六纬路与十四经路交口的海河岸边。站点以海河为文化定位的源点，展现了海河水系作为养育天津的沃土几百年的历史。

六纬路站站厅使用象征船底的夸张的吊顶设计手法突显天津海河漕运文化，选取漕运商业历史变迁为创作题材，并且车站的最大看点——"漕运大船"的独特设计，使站内设计风格与它所处的海河

图 2-7 天津地铁 4 号线金街站站厅内景
（图片来源：http://xhslink.com/fr6tyP）

位置吻合，寓意着天津这座以海河作为母亲河的城市大船在乘风破浪、披荆斩棘地前行着。

走入车站站厅，豁然开朗，十余米的挑高，中央顶部一只巨大的双面船底映入眼帘，带来极其震撼的冲击。站在大船下面，人们会不禁想到天津作为近代中国漕运中心的特殊地位。站厅层与站台层都展示着"船"元素，形成上下呼应，车站整体蓝色的风格加上船体的设计仿佛让人置身大海之中。站厅层左侧，墙面连续设置了巨大的海河主题艺术墙，描绘了海鸟、海浪、树木、帆船等元素，在墙壁下方同时附着天津地标的剪影，例如天塔、天津之眼……勾勒出一座鲜活的滨海城市。艺术墙中间灯光闪烁，更为突出地展现海河漕运文化。仰着脑袋穷尽目力，能将墙上以漕运商业历史变迁作为创作题材的壁画看全，墙上上万个贝壳勾勒出一幅海河之畔的恢弘图景。站厅层右侧，放置了巨大的LED屏幕，放映着漕运文化带动天津商贸发展的故事，讲述着这座城市的前世今生。

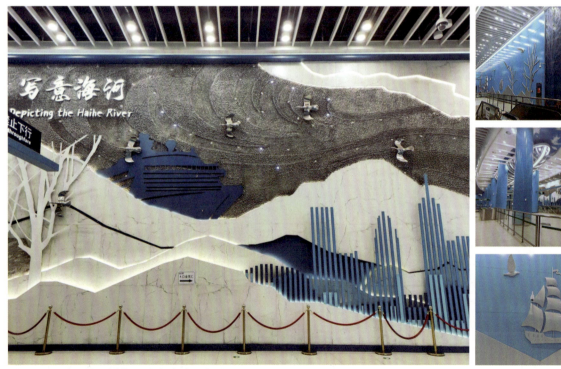

图2-8 天津地铁4号线六纬路站站厅内景
（图片来源：http://xhslink.com/Z1jAyP）

2.5 西安地铁

2.5.1 古韵遗风——3号线青龙寺站

西安地铁是给每一座车站都设计独立标识的地铁系统,每一座车站都拥有兼具艺术功能与导视功能的站徽。这些站徽都以车站的地理位置、历史文化、建筑特色等为设计元素,体现了西安的悠久的历史与浓厚的人文氛围。

将青龙寺站站徽(图2-9)分开来看,左边为青龙寺内著名的空海和尚纪念塔,右边是盛开的樱花,整个站徽由这两种元素构成,明确表达站点历史文化内涵,寓意唐代中日友好交流,文化源远流长。进入站内首先映入眼帘的是《丝路樱花》壁画,整幅墙面以大片的青龙樱花元素为主体,一直从左上延长到右下角。仔细看墙面的左半部分还非常巧妙地融入空海和尚纪念塔,右半边的大片青色处的立体浮雕结合阿富汗巴米扬大佛与印度贾米清真寺,寓意中外文化交流的融合。墙面整体色调清新雅致,元素融合巧妙,引发人们对古代丝绸之路上中阿(阿富汗)以及中印(印度)文化和谐交融的畅想。

在进站口外可看到青龙寺和乐原遗址出土的一些文物和碎片的复刻品(图2-10),包括陶瓷、铜器、玉器、木雕等,都很精美。展柜上还有一些介绍文字和图片,讲述了青龙寺的历史和考古发现。我在展柜前停留了一段时间,感受到了西安地铁对文物保护和展示的重视和努力。空间转换的展示形式使地铁站变得更加活泼丰富。来到西安,并未刻意找寻,仅是一次再普通不过的出行,就能在乘坐地铁的过程中与历史擦肩而过,细细品味,何其浪漫!

图 2-9 西安地铁 3 号线青龙寺站站徽
(图片来源:http://xhslink.com/H6hqzP)

图 2-10　西安地铁 3 号线青龙寺站站厅内景
（图片来源：http://xhslink.com/wDLqzP）

2.5.2 阿房一梦——5号线阿房宫南站

阿房宫南站，位于西安这座历史悠久的城市中，地铁站厅被设计得仿佛一幅精美的画卷，展现了秦代建筑的恢宏与壮丽。站厅的天花板上，榫卯结构的木头房梁交错纵横，仿佛将乘客带回了那段辉煌的历史。方形的镂空半透仿宣纸造型的铝板布满天花板，透过这些铝板，柔和的灯光洒下，营造出一种古朴而又现代的氛围。

天花板上的铝板上，毛笔写成的"阿房宫赋"字迹遒劲有力，仿佛在诉说着那段历史的辉煌与沧桑（图2-11）。每一个字都仿佛有生命，带着浓厚的文化气息，仿佛在向每一位经过的乘客讲述着阿房宫的故事。站厅的墙壁上，秦代宫殿建筑的图案和纹饰被细腻地展现出来，每一处细节都透露出设计师的用心与巧思。

站厅整体宽敞明亮，地下一层为站厅层，设有设备用房、站务用房、付费区、非付费区、值班室、无障碍设备等设施。地下二层为站台层，设有一个岛式站台，乘客在这里可以感受到现代科技与古代文化的完美融合。站厅的设计不仅注重美观，更注重实用性。智能客服中心的设置，方便了乘客的出行。自助票务处理、信息查询、站内导航、语音提示及召援等功能一应俱全，乘客可以在这里快速解决出行中的各种问题。长安通自助机的位置也经过精心设计，方便乘客在购票和充值时使用。

站厅的每一个角落都充满了文化气息。蓝色的二维码铭牌设置在显著位置，乘客可以通过扫描二维码聆听"西安故事"语音广播，了解西安的历史文化。站厅内的广播定时播放，让乘客在购票或进出车站的同时，感受到西安这座城市的深厚底蕴。

阿房宫南站的设计不仅是对秦代建筑的致敬，更是对现代城市生活的回应。站厅内的每一处细节都经过精心设计，既有古代文化的传承，又有现代科技的融入。乘客在这里不仅可以感受到地铁站的便利，更可以感受到历史与文化的交融。

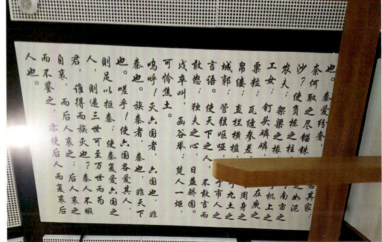

图 2-11　西安地铁 5 号线阿房宫南站站厅内景
（图片来源：http://xhslink.com/ym4dzP）

2.6 杭州地铁

2.6.1 四维蓝天——3号线黄龙洞站

在浙江省的杭州市，有一座名为黄龙洞的地铁站（图2-12），它坐落在西湖区，如同一颗璀璨的明珠镶嵌在杭州地铁3号线的项链上。它的名字源于附近的黄龙洞景区，仿佛是大自然赋予的一份特殊礼物。黄龙洞站就像一座现代城堡，坐落在杭大路和曙光路交叉口的西侧。它是一个地下两层岛式车站，是3号线与远期环湖线的双岛四线换乘站。黄龙洞站的设计理念是使用现代手法打造西湖景区交通重点空间，以有机形态塑造大厅中间圆柱，并形成连续的拱洞造型，暗喻黄龙洞景区的自然形态，天花板运用屏幕形成电子蓝天白云景象。

当你走出地铁站时，你可以看到黄龙洞景区、浙江世贸君澜大酒店、浙江世界贸易中心、中国杭州黄龙饭店、浙江省文化和旅游厅、杭州市陈经纶体育学校等地点。

黄龙洞站不仅提供了便捷的交通服务，也成为连接城市和自然、现代和传统的重要纽带。它以其独特的设计和周边丰富的设施，成为杭州这座城市中不可或缺的一部分。

2.6.2 杭州地铁：草间弥生与点——3号线新天地街站

草间弥生的设计风格以其独特的波点和大胆的色彩运用而闻名。在杭州地铁的新天地街站的站厅（图2-13），草间弥生的艺术设计如梦似幻地展现在眼前。天花板上，橙色和棕色的圆形装饰仿佛飘浮在宇宙中的星辰，散发出温暖的光芒，照亮来往的乘客。每一个圆点都是草间弥生标志性的波点，带着她独特的艺术语言，将这个公共空间变成一个艺术殿堂。

站厅内，乘客们如流水般穿梭，功能性与美观兼具的隔离栏和指示牌引导着他们的方向。墙壁和柱子保持着中性的色调，让天花板成为视觉的焦点。悬挂的电子显示屏提供着必要的信息，与整体设计和谐地融为一体。乘客们在这里可以轻松找到他们需要的信息，电子显示屏和指示牌都设计得非常直观和易于阅读。隔离栏的设计既保证了乘客的安全，又不影响整体的美观。墙壁和柱子的中性色调让人感到宁静和舒适，同时也让天花板的设计更加突出。

图 2-12 杭州地铁 3 号线黄龙洞站站厅内景
（图片来源：作者自摄）

在这个空间里，艺术与功能完美结合。草间弥生的设计不仅是为了美化空间，更是为了让人们在日常生活中感受到艺术的存在。每一个经过这里的乘客，都有机会在匆忙的旅途中停下来，欣赏一下这片独特的艺术天地。

草间弥生的设计理念是将艺术带入日常生活，让每一个人都能感受到艺术的美好。在新天地街站站厅，她的这一理念得到了完美的体现。这个站厅不仅是一个交通枢纽，更是一个艺术的展示空间。每一个经过这里的人，都能感受到草间弥生的艺术带来的震撼和感动。

这个站厅的设计还体现了杭州这座城市对艺术和文化的重视。作为一座历史悠久的文化名城，杭州一直以来都非常重视公共空间的艺术设计。新天地街站站厅的设计不仅是为了方便乘客，更是为了展示杭州这座城市的文化底蕴和艺术氛围。

图 2-13　杭州地铁 3 号线新天地街站站厅内景
（图片来源：作者自摄）

2.7 长沙地铁

2.7.1 丰收礼赞——6号线隆平水稻博物馆站

踏进隆平水稻博物馆站（图2-14），仿佛步入了一个连接现代与古老农耕智慧的时空隧道。站厅内墙壁上展示着主题壁画：隆平水稻博物馆处在层层叠叠的梯田之上，绿色的田埂边绵延着一片金黄，展示着一幅丰收的图景，袁隆平爷爷站在他心爱的稻田旁，深情地注视着他的毕生研究——让中国人民能够吃上饱饭的杂交水稻，展现了水稻丰收稻香四溢、山清水秀大好河山的图景。站厅内的装饰也无不融入了水稻的元素：两组稻穗环绕在时钟的两侧；天花板是用黄色和橙色的流线型镂空钢板将"稻香"视觉化；甚至天花板的镂空也是颗颗分明的稻粒的形状。

站在站厅的中央，人们仿佛进入了山野乡村、田间地头：稻浪轻舞，人们仿佛能够听到微风拂过稻叶的声音，仿佛置身于农田的宁静与生机之中；处处体现着禾下乘凉的梦想，洋溢着丰收的喜悦，与站点上方的隆平水稻博物馆一起，让乘客了解这一农业奇迹背后的努力和付出。

2.7.2 长沙方言——6号线文昌阁站

乘坐扶梯进入文昌阁站（图2-15），在宽阔的站厅空间内满墙的3D立体文字便映入眼帘，经过解构的方言文字陌生而熟悉，以纯白而立体的姿态围绕在草书写的磨砂金属"长沙"二字周围。向右移步便见"霸得蛮""绷紧的""撩撇"等长沙方言浮于墙面的立柱上，它们体现着长沙娱乐与包容的城市性格。一路走来，看着熟悉的方言，长沙街巷里家人朋友、街坊邻居的一句句日常对话仿佛在耳畔响起，仿佛是平静水面上泛起的涟漪在心中一层一层扩散，思绪也随着脑海中回荡起的熟悉到不能再熟悉的长沙话，进入那个能嗅到楼脚下粉店香气、听到街口磨刀叫卖声的充满烟火气的老长沙；进入夏夜乡下老家，院子里大树下老人轻轻扇动着蒲扇，唱着"月亮粑粑，肚里坐个爹爹……"的童谣；进入每一个长沙人记忆深处所向往、所怀恋的那个能够抚慰人心的地方。

每一个方言3D字的下方都设置有一块液晶屏幕，播放着长沙城里的市井影像，向每一个长沙的

图 2-14　长沙地铁 6 号线隆平水稻博物馆站站厅内景
（图片来源：https://mp.weixin.qq.com/s/8t9XYOjrk6ctQzIHxtDUGA）

游客诉说着长沙的烟火气息：街巷里熙熙攘攘的人群、夜幕下城市璀璨的灯光、广场上舞动生命的老人、工作室里不断突破创新的青年……

这小小的地铁站厅既是能够抚慰城市青年的精神港湾，又是介绍城市的一张名片。它处处体现长沙热烈奔放的性格、吃苦耐劳的精神和娱乐潇洒的态度。

图 2-15 长沙地铁 6 号线文昌阁站站厅内景
（图片来源：https://m.163.com/dy/article/HAIP8Q6B0534P59R.html）

2.8 成都地铁

2.8.1 醒惊天下——7号线金沙博物馆站

在成都地铁7号线的金沙博物馆站厅（图2-16），设计师们将历史与现代艺术完美融合，创造出一个既充满文化底蕴又富有现代感的空间。走进站厅，仿佛穿越时空，进入一个古今交汇的艺术殿堂。

站厅的天花板上，悬挂着一系列灵感来自金沙遗址的艺术装饰。金色的太阳神鸟图案在柔和的灯光下熠熠生辉，仿佛诉说着千年前的辉煌历史。每一个细节都经过精心雕琢，展现出古代工匠的智慧与技艺。天花板的设计不仅仅是装饰，更是对历史的致敬，让每一位经过这里的乘客都能感受到历史的厚重与文化的传承。

墙壁上，巨大的壁画描绘了金沙遗址的发掘过程和重要发现。画面栩栩如生，仿佛将人们带回到那个考古现场。壁画的色彩大胆而富有层次感，既有古代遗址的沧桑感，又有现代艺术的抽象美。每一幅壁画都是一段历史的缩影，让人们在等待地铁的间隙，能够静静地欣赏和思考。

站厅的地面设计也别具匠心。地砖的图案灵感来自金沙遗址出土的文物，它采用了古老的纹样和现代的几何图形相结合的设计。每一步行走，仿佛都是在踏寻历史的足迹。地面选择了耐磨且易于清洁的材料，既保证了美观，又兼顾了实用性。

站厅内的照明设计同样令人称道。柔和的灯光从天花板和墙壁的缝隙中洒下，营造出一种温馨而神秘的氛围。灯光的色温经过精心调配，不仅能够突出艺术装饰的细节，还能让乘客感到舒适和放松。站厅的每一个角落都被照顾到，没有一处是阴暗的死角。

站厅的设计不仅注重美观和功能性，还非常注重环保和可持续发展。天花板和墙壁都选用了环保材料，减少了对环境的影响。照明系统采用了节能灯具，降低了能源消耗。站厅内还设有垃圾分类设施，倡导乘客共同维护环境卫生。

在这个空间里，艺术与功能完美结合。设计师们不仅是为了美化空间，而且是为了让人们在日常生活中感受到艺术的存在。

成都地铁7号线金沙博物馆站厅设计得像一幅精美的艺术作品，是历史与现代的完美结合。每一位经过这里的乘客,都能在这片独特的空间里,感受到历史的厚重与艺术的美好。这不仅仅是一个交通枢纽,更是一个让人们在日常生活中感受到艺术与文化的展示空间。

2.8.2 羽扇纶巾——3号线高升桥站

图2-16 成都地铁7号线金沙博物馆站厅内景
(图片来源:http://xhslink.com/KybpAP)

成都地铁3号线的高升桥站(图2-17),位于成都市武侯区一环路南四段,因地处高升桥片区而得名。高升桥站的设计灵感来源于诸葛亮,他是中国历史上蜀汉时期的著名政治家、军事家、文学家、发明家,被誉为"睿智的军师",因此空间强调沉稳、庄重的整体空间氛围。诸葛亮的形象常常与羽扇纶巾联系在一起,因此,设计师在人流量相对集中的区域生动自然地运用了象征性元素,体现诸葛亮的智慧与风度。站厅的设计采用了大面积的木色肌理,这种设计旨在营造出一种庄重且具有形式感的空间氛围。同时,天花上的抽象"影壁"元素,既体现了古代建筑的美学,又增加了空间的层次感和深度。为了平衡厚重色彩所带来的压抑感,设计师巧妙地在售票区、候车区等地方,运用了羽扇、纶巾等元素。这些元素以其独特的形状和颜色活跃了空间氛围,也突出了诸葛亮的形象。此外,高升桥站还注重实用性和人性化设计。站台采用了岛式设计,两侧为上下行轨道,中间为候车区域。这种设计有利于乘客换乘,也有利于乘客分流,提高运营效率。总的来说,高升桥站的设计充分考虑了美学和实用性,将历史文化和现代设计完美融合,既展现了诸葛亮的智慧和风度,又满足了现代城市交通的需求,为成都市民提供了一种既美观又舒适的出行环境。

图 2-17 成都地铁 3 号线高升桥站站厅内景
(图片来源:https://mp.weixin.qq.com/s/nJ8CAkoZINPwrElUlVHGyA)

2.9 昆明地铁

2.9.1 春城之旅——5号线世博园站

昆明地铁5号线是昆明市的一条重要地铁线路，该线路上有一些特色鲜明的站点。

世博园站（图2-18）是5号线的终点站，也是昆明世博园的所在地。世博园是一个大型的展览和活动中心，举办过多次国际性的博览会和文化活动，于是此站的主题是"人与自然和谐共处"。乘客在世博园站下车可以参观世博园内的各种展览和活动。

世博园站的设计风格与昆明世博园的主题相呼应，展现了现代化和科技感。车站内部采用了明亮的照明设计和时尚的装饰，营造出一种时尚、充满活力的氛围。内部的装饰和标识融入世博园的主题元素，如世博园的标志、主题色彩等，以展示与世博园相关的特色和形象。将柱子与顶面进行一体化设计，并且对植物花瓣的形状进行抽象化，再对其进行阵列组合作为顶部铺装，烘托出世博园站点整体的生态感，并彰显了昆明"春城"的特色。墙面上运用绿色梯田柱子予以绿色树冠的造型，其蕴含着开放、包容、向上、结合、发展的寓意，使整个车站富含生态的美感以及艺术效果，在呼应原本主题的同时也具有一定的设计感以及文化内涵，突出站点特色。

2.9.2 暖城樱花——5号线圆通山站

圆通山站（图2-19）站内采用樱花主题，樱花是三月的主角，更呼应昆明"春城"之称。在每年的三月至四月，圆通山站外圆通寺迎来樱花季节，与站点的樱花主题相呼应。樱花是圆通寺的一大特色，寺庙内外种植了大量的樱花树，包括日本樱花和国内的几个品种。当春天来临，樱花盛开时，整个寺庙都被粉色和白色的花海所包围，景色非常壮观美丽。因此在地铁空间内部，运用纯度不同的粉色花瓣以及白色花瓣于顶部的吊顶设计，采用樱花的阵列造型并与灯光进行结合，使人产生樱花随风缓缓落下的感觉，演绎出属于春天的浪漫。这个特色站点为乘客提供了便利的交通出行，同时也带给他们丰富多彩的文化和旅游体验。

在站厅的顶部，运用镂空的六边形造型进行设计，部分进行内嵌式灯光造型，即表现出樱花飘落的情景，又对站点局部进行重点照明。镂空的造型设计，给地铁空间的顶部营造出轻盈感，使整体空间氛围轻松愉悦，烘托站点整体的樱花氛围感。

图 2-18　昆明地铁 5 号线世博园站站厅内景
（图片来源：https://mp.weixin.qq.com/s/bNpbper-93ZYIqDvZEjvng）

图 2-19　昆明地铁 5 号线圆通山站站厅内景
（图片来源：https://mp.weixin.qq.com/s/bNpbper-93ZYIqDvZEjvng）

2.10 大连地铁

2.10.1 星辰大海——5号线梭鱼湾站

在大连地铁5号线的梭鱼湾站（图2-20、图2-21），空间在灯光的映衬下星光点点、熠熠生辉，让游客仿佛置身于"星辰大海"之中。这是一座以海洋为主题的艺术车站，旨在展现大连这座海滨城市的独特魅力和文化底蕴。

车站空间以白色与蓝色编织出"海天一色"之景，营造艺术与自然共融的意境，让乘客在出行的同时感受到海洋的浩瀚和美丽。站厅层公共区域整体以白色的蜂窝铝板为主，天棚中心区洞口处，采用蓝色不锈钢水波纹板点缀，同时增加环形LED灯条，既丰富空间又增加水的波动感。这种设计既能有效地控制光线和通风，又能营造出水面反射的效果，让乘客仿佛置身于海底世界。

车站层则以白色为主调，棚顶天花板采用蓝色的不锈钢水波纹板加以点缀，四周增加环形LED灯条，像海水溅起的层层涟漪。车站出入口处还设置了一张古时的地图，并在地图中标记出地铁5号线的行驶轨迹，在注明站点轨迹的同时也展现了大连的人文历史。

梭鱼湾站是大连地铁5号线上的一个亮点，它不

图2-20　大连地铁5号线梭鱼湾站站厅内景1
（图片来源：作者自摄）

图 2-21 大连地铁 5 号线梭鱼湾站站厅内景 2
(图片来源:作者自摄)

仅提供了便捷和舒适的出行服务,还展示了大连作为一座海洋城市的特色和风情。它是一座集交通、艺术和文化于一体的现代化车站,让乘客在感受城市脉动的同时,也能感受到海洋的魅力。

2.10.2 清风海韵——5号线青云街站

大连地铁5号线的青云街站(图2-22)是贴近百姓生活的海文化廉洁艺术空间,旨在展现大连这座海滨城市的风貌和精神,传播廉洁文化的理念,提升市民的道德素养和法治意识。

刚下地铁便被眼前的新媒体装置深深吸引,显示屏围绕柱子与局部顶面,为我们展现了一幅海洋画卷。其他显示屏上不仅有大连的美丽风景和人文历史,还有廉政故事和寓言,以及廉洁文化的名言警句,让乘客在欣赏的同时也能受到教育和启发。

同时,空间顶部呈现波浪的形态,"浪花"的颜色也层层变换,营造出一个五彩斑斓的海洋世界,既体现大连作为一座海洋城市的特色,又能寓意廉政建设的不断推进和发展。乘坐电梯上至车站层,车站层就像是一座廉洁文化博物馆,充满着浓浓的文化气息。首先映入眼帘的是廉政文化展示橱

图 2-22 大连地铁 5 号线青云街站站厅内景
（图片来源：作者自摄）

窗，橱窗里陈列着一些与廉政相关的实物和图片，如清官铜像、清风扇、清风石等，展示了大连廉政建设的历史和成果。橱窗右侧是一幅石膏浮雕壁画，描绘了古时人民劳动时的场景，弘扬了廉洁文化的主旨和精神。车站层的柱子与空间顶部也加入了圆形与镂空的元素，以蓝紫色为主，贴近当代人的视觉审美。圆形象征着完整和谐，镂空象征着透明公正，蓝紫色象征着高贵典雅，这些设计都与廉洁文化相符合。

大连市将大连地铁5号线青云街站打造为"清风海韵·廉润滨城"廉洁文化主题车站。青云街站设计紧扣大连新时代发展主旋律，选取直观鲜明的大连文化元素，通过视觉传达更为形象的廉洁文化语境，让民众感受到廉政文化的力量和温度，并产生紧密的情感连接和文化认同。

3 文化初探：天津地铁建设与文化研究

- 天津地铁1号线
- 天津地铁2号线
- 天津地铁3号线
- 天津地铁4号线
- 天津地铁5号线
- 天津地铁6号线
- 天津地铁9号线
- 天津地铁10号线
- 天津地铁11号线
- 天津地铁7号线
- 天津地铁8号线

3.1　天津地铁1号线

天津地铁1号线标志色为红色（图3-1），是天津市最早的地铁线路。20世纪70年代是中苏关系的紧张时期，此时天津作为中国北方的重要港口和工业城市，面临着很大威胁。为加强城市防空能力和交通运输能力，天津市政府决定在市区内修建一条地下铁道，既可以作为平时的公共交通工具，又可以作为战时的人防工程。这就是天津地铁1号线的前身——"7047工程"。1970年4月7日，天津市决定建设地铁，以"墙子河改造工程"的名义立项，并称之为"7047工程"。

经过近六年的艰苦奋斗，"7047工程"——天津地铁1号线终于在1976年1月试通车，1984年12月28日正式开通运营。截至2024年，天津地铁1号线线路长42千米，从东南至西北方向斜穿天津市区，途经北辰区、红桥区、南开区、和平区、河西区、津南区6个区，共设32站，其中，地下车站24座，高架车站8座。

天津地铁1号线承载了天津市民出行和防空的双重功能。它不仅极大地方便了天津市民的出行，提高了城市交通效率和环境质量，而且也展示了天津市社会主义现代化建设的成就和水平，增强了国家自信心和民族自豪感。天津地铁1号线也是天津市地铁事业的开创性突破，为后来的地铁建设奠定了坚实的基础。

建设历程

1970年6月5日，工程正式破土动工。

1976年1月，天津地铁1号线新华路至海光寺段3.6千米试通车，由于国家当时实行停缓建政策以及唐山大地震的影响，工程停建。

1979年，工程复工，在原先3.6千米的基础上又向北延长了1.6千米，开通二纬路站和西南角站。1980年1月，新华路至西南角的5.2千米地铁对外开放，早晚客流高峰时间进行维护性载客试通车。年底，工程再次停建。

图3-1　天津地铁1号线标志色和站点
（图片来源：http://tj.bendibao.com/ditie/map_15.shtml）

1983年9月，天津市政府决定把地铁修到西站。经过第三次扩建，开通了西北角站和西站，全程达到了7.4千米。1984年12月28日天津地铁1号线正式通车。

2001年10月9日，天津地铁1号线停运进行改造。

2006年6月12日，天津地铁1号线开始载客试运营。

2018年12月3日，天津地铁1号线东延线双林站和李楼站开通运营。

2019年12月28日，天津地铁1号线东延线高庄子站、北洋村站、国展路站、东沽路站开通运营。

2021年5月12日起，天津地铁1号线东延线北洋村站更名为国家会展中心站，国展路站更名为国瑞路站。

2023年7月31日，天津地铁1号线洪泥河东站正式开通运营。

2024年7月1日，天津地铁1号线双桥河站正式开通运营。

天津地铁1号线空间的天津文化元素与设计表现形式

天津地铁1号线不仅是城市交通的动脉，更是一座流动的文化展馆。它贯穿天津市的多个历史文化区域，如和平区、河西区、河东区、红桥区等，每一站都是天津文化的一个缩影。在车站空间的设计中，巧妙地融入了天津的文化元素，这是天津地铁对城市历史文化的尊重和传承的体现。

在1号线中，本溪路至刘园站是线上段，和其他地下段车站一样，采用了白色与红色作为主色调。这种设计选择反映了天津地铁的历史，它是国内较早通车的线路，在车站空间设计上追求简洁大方，没有过多装饰，却依然保持了优雅和个性。

其中，陈塘庄站（双桥河方向）的设计较为引人注目。下车后，站在设有玻璃穹顶的站台上望向远处的天津，前方的欧式建筑与现代地铁融合，构成了一幅如梦似幻的画面（图3-2）。这种独特的设计风格使得陈塘庄站一度有"天津最美地铁站"的美誉，也成为市民和游客拍照留念的热门地点，为方便游客拍照打卡，地铁站还贴心地在地上贴了"最佳拍照点"的图标（图3-3）。

天津地铁1号线的空间设计，是对天津文化的一种展示，更是对城市记忆的一种致敬。它让乘客每一次的乘坐都成为一次文化之旅。在这条线路上，乘客不仅能够感受到天津的历史韵味，还能够体验到现代设计与传统文化的完美结合。这样的设计理念，不仅提升了乘客的出行体验，也为天津这座城市增添了无限的魅力和生命力。

图 3-2　天津地铁 1 号线陈塘庄站
（图片来源：http://xhslink.com/B3MoZK）

图 3-3　天津地铁 1 号线陈塘庄站地上标识
（图片来源：http://xhslink.com/NBFCZK）

3.2 天津地铁2号线

天津地铁2号线（图3-4）始建于2006年，是天津市地铁的主干线路之一，也是天津市第一条全地下线路，它的建设历史可以追溯到20世纪80年代，当时正处在改革开放的初期，天津作为中国北方的重要港口和工业城市，面临着城市化和现代化的挑战和机遇。为了提升城市交通运输能力和城市形象，天津市政府决定在市区内修建一条地下铁道，这就是天津地铁2号线的前身——"天津市地下快速交通工程"。

"天津市地下快速交通工程"是由天津市人民政府主导的一项重大基础设施建设项目，由天津市地铁建设指挥部负责实施。该工程的总体规划是在天津市区内修建一条南北向的地下铁道，全长约20千米，设有16个车站和1个车辆段。该工程采用了盾构法，在地下挖掘隧道，用钢筋混凝土加固，并安装轨道、电力、信号、通风等系统。该工程计划于1990年底完工，并配备日本制造的电力牵引系统和车辆。

天津地铁2号线是天津市快速地铁网中的东西骨干线，其东西分段于2012年7月1日试运营（西段为曹庄至东南角，东段为天津站至空港经济区），一期全线（曹庄至空港经济区）于2013年8月28日开通试运营，其标志色为黄色。

天津地铁2号线线路西起西青区曹庄，东至东丽区天津滨海国际机场，连接南开区、和平区、河北区、河东区、东丽区、西青区6个行政区。

截至2022年11月，天津地铁2号线线路全长27千米，设站20座。

建设历程

2006年7月，天津地铁2号线正式开工建设。

2007年9月，第一个车站封顶；天津地铁2号线第一台盾构机下井。

2008年12月，轨道铺设工作开始。

图 3-4 天津地铁 2 号线标志色和站点
（图片来源：http://tj.bendibao.com/ditie/map_15.shtml）

2010年8月，首列车正式下线。

2012年7月，开通分段试运营。

2013年8月，全线贯通运营。

2014年8月，天津地铁2号线东延段开通。

2015年至今，天津地铁2号线持续稳定运营。

天津地铁2号线空间的天津文化元素与设计表现形式

天津地铁2号线连接了天津市的西部、中心城区和东部，服务多个重要的居住区、商业区、工业区和机场区。它是天津市地铁建设的重要组成部分，也是展示天津市文化特色和城市形象的重要载体。在2号线的空间设计中，考虑了天津文化的元素和表现形式，力求体现天津市的历史和特色，为乘客提供舒适、美观和富有文化气息的出行环境。

天津市是中国近代史上的重要城市，曾经是中国近代最早开埠的五个通商口岸之一，也是中国近代工业和教育的发祥地之一。天津市拥有丰富的历史遗迹和文物，以及近代的五大道、意大利风情街、老租界等。这些历史文化元素在2号线的空间设计中得到了体现，如采用了仿古风格的石雕和灯具，或欧式风格的拱门和壁画等。

另外，色彩是空间设计中最直观和最有效的表现手段之一，它可以传达出空间的氛围、情感和信息。在2号线的空间设计中，色彩的选择和搭配都体现了天津文化的特点和风格，采用了轻松欢快的香水百合色（图3-5）。

天津地铁2号线的空间设计充分融入了天津文化元素，并通过多种形式进行表现，使得每个车站都具有自己独特的文化气息，为乘客提供了一次视觉、听觉、触觉等多方面的文化体验，也为天津市打造了一条富有文化内涵和艺术魅力的地铁线路。

图3-5 天津地铁2号线站厅内景
（图片来源：https://www.xiaohongshu.com/explore）

3.3　天津地铁3号线

天津地铁3号线是天津快速地铁网中的南北骨干线，于2007年正式开工建设，2012年10月1日全线开通试运营，正线全长33.7千米，北起小淀站，南至天津南站，途径北辰、河北、河东、和平、河西、南开、西青7个行政区，连接宜兴埠、中山路、西康路、王顶堤、华苑、大学城、南站等住宅体量较大的板块，并将铁东路、中山路、和平路、营口道、天塔、华苑、南站等地铁商圈串联起来。截至2024年，3号线共26座车站，地下站18座、高架站7座、地面站1座。其中，红旗南路站可与6号线换乘，营口道站可与1号线换乘，天津站可与2号线、9号线换乘，北站站可与6号线换乘，张兴庄站可与5号线换乘。天津地铁3号线与天津地铁2号线合设1座主控制中心。

天津地铁3号线南延长至西青区天津南站。工程于2012年内开工，于2013年12月28日投入运营。2012年10月1日，小淀至高新区区间开通试运营。2013年12月28日，高新区至南站区间开通试运营。至此，天津地铁3号线全线贯通，其标志色为蓝色（图3-6）。天津地铁3号线是天津市地铁网络的重要组成部分，它连接了天津市的西北部、中心城区和东南部，服务了多个重要的居住区、商业区、工业区和旅游区。

建设历程

2005年12月，天津地铁3号线在和平区津湾广场正式开工。

2006年9月，第一个地下站封顶，10月23日高架段开始架桥。

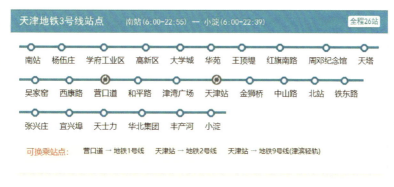

图3-6　天津地铁3号线标志色和站点
（图片来源：http://tj.bendibao.com/ditie/map_15.shtml）

2007年2月，第一个非地下站封顶，第一台盾构机下井。

2008年6月，高架段桥梁贯通，轨道铺设工作开始。

2009年4月，多个车站主体结构完工。

2010年7月，首列车下线，随后轨道贯通，机电系统贯通。

2011年1月，全线车站进入作业安装阶段。

2012年10月，一期高新区站至小淀站开通试运营。

2013年12月，西南延长段南站至高新区站（不含）开通运营，全线贯通。

2014年至今，天津地铁3号线持续稳定运营。

天津地铁3号线空间的天津文化元素与设计表现形式

天津地铁3号线空间的设计在遵循统一性和功能性的基础上，体现出天津的历史文化特色和现代城市风貌。其中津湾广场站（图3-7）尤为突出：津湾广场站位于天津市和平区，地处天津商业中心，周围环绕着解放北路、滨江道、松江路、张自忠路等重要街道。津湾广场站的命名源自天津市标志性建筑群津湾广场，该地区彰显了天津百年历史文化底蕴，反映了中西文化交汇的时代特征。整体布局为双柱三跨地下三层车站。地下一层为站厅层；地下二层为设备层；地下三层为岛式站台层。装修融入了欧式复古元素，从建筑外观到室内细节都呈现出浓郁的欧洲风情。站厅和站台层都装饰有华丽的水晶吊灯，这些吊灯不仅提供照明，还成为站内的一道亮丽风景线，许多游客争相打卡拍照。站内的公共艺术文化墙为梁选玲设计制作的不锈钢浮雕作品《历程》，长60米，高2.8米。作品分为四个部分，主题分别为序曲、复兴、和谐天津和创造辉煌，展现了天津从过去到未来的发展历程。津湾广场站不仅是一个交通枢纽，更是一个文化展示平台，让每一位过往的乘客都能感受到天津这座城市在历史长河中的生生不息和飞花流彩的文脉。

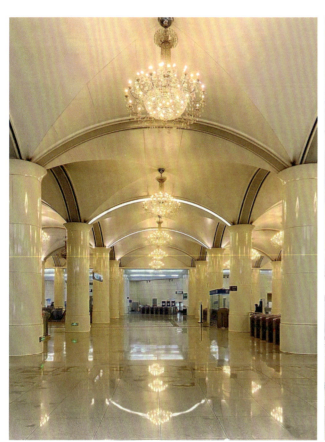 

图 3-7 天津地铁 3 号线津湾广场站站厅内景
（图片来源：http://xhslink.com/hAooBP）

3.4 天津地铁4号线

天津地铁4号线是天津市地铁的重要组成部分。天津地铁4号线南段（图3-8）起于南开区东南角站，终于东丽区新兴村站，全长约19.4千米，共设14座车站。它的标志色为绿色，列车采用6节编组B型列车。

天津地铁4号线的建设背景主要有以下几个方面。

①缓解城市交通压力。天津市作为直辖市和中国北方的经济中心，近年来经济社会发展迅速，城市人口和车辆不断增加，城市交通压力日益增大。尤其是在中心城区和东丽区之间，缺乏有效的公共交通连接，导致了大量的私家车和出租车往来，造成了严重的拥堵和污染。为了解决这一问题，提高城市交通效率和环境质量，天津市政府决定在这一区域修建地铁4号线，作为中心城区和东丽区之间的快速、便捷、舒适的公共交通方式。

②促进城市发展和空间整合。天津市中心城区和东丽区之间存在着明显的发展差距和空间分割。中心城区是天津市的政治、文化、商业和金融中心，拥有众多的历史文化遗产、现代化建筑和繁华商圈。东丽区则是天津市的新兴工业区和生态居住区，拥有众多的高新技术企业、大型工业园区和优美的自然风光。为了实现这两个区域的协调发展和空间整合，提升城市功能和形象，打造中心城区和东丽区之间的发展纽带和空间桥梁，在这一区域修建了地铁4号线。

③满足居民出行需求和提高生活品质。天津市中心城区和东丽区之间居住着大量的居民，他们每天需要在这两个区域之间往返工作、学习、购物、娱乐等。为了满足居民出行需求和提高生活品质，

图3-8 天津地铁4号线南段标志色和站点
（图片来源：http://tj.bendibao.com/ditie/map_15.shtml）

为中心城区和东丽区之间的便捷、舒适、安全出行提供更多选择，在这一区域修建了地铁4号线。

天津地铁4号线是根据天津市城市地铁建设规划而确定的重要项目之一，它既是解决城市交通问题、促进城市发展空间整合、满足居民出行需求、提高生活品质的必要措施，也是展示天津市现代化建设成就和水平的重要窗口。

建设历程

南段

2013年8月，在东丽区民航大学站开工。

2016年2月，第一台盾构机开工。

2019年12月，南段一期工程首个车站封顶。

2021年12月，南段（东南角站至新兴村站）正式开通运营。

北段

2020年1月，北辰段开工建设。

2022年1月，北段西于庄站至西站区间双线贯通。

2024年11月，天津地铁4号线北段工程小街站至西站区段16座车站全部封顶，15条区间全部双线贯通；13座车站附属工程主体结构完成，3座车站进行附属结构施工。

天津地铁4号线空间的天津文化元素与设计表现形式

天津地铁4号线空间的设计，不仅要满足城市交通需求和发展目标，还要展示天津的商业文化和城市魅力，其中较能展现车站特点的当数泰昌路站、六纬路站、徐州道站和金街站。

泰昌路站（图3-9）的设计如同未来城市的缩影，以蓝色和白色的色调为基础，营造出清新而宁静的氛围。站内的曲线吊顶宛如科幻电影中的太空舱，流畅的线条和光影的交错让人仿佛置身于一个未来感十足的科幻空间。

徐州道站（图3-10）的空间设计则是对天津传统文化的一次深情致敬。站厅空间古色古香，木纹铝板造型门、金属花格、造型柜、仿古文化砖等元素，共同构建了一处充满历史感的空间。吊顶上的古代房梁结构，不仅增加了空间的视觉冲击力，也让每一位过往的乘客都能感受到浓重的历史文化气息。

图 3-9 天津地铁 4 号线泰昌路站厅内景
（图片来源：http://xhslink.com/bitA0K）

图 3-10 天津地铁 4 号线徐州道站厅内景
（图片来源：http://xhslink.com/SNcI0K）

3.5 天津地铁5号线

天津地铁5号线（图3-11），于2018年10月22日开通运营一期工程首通段（丹河北道站至中医一附院站），于2019年1月31日开通北辰科技园北站，于2021年12月7日开通李七庄南站，于2024年9月28日开通京华东道站，标志色为橙色。

建设历程

2012年8月，天津地铁5号线正式开工建设。

2014年6月，首台盾构机下井。

2016年10月，首列B型不锈钢车体地铁客车通过验收。

2017年12月，开始试运行。

2018年10月，一期工程首通段（丹河北道站至中医一附院站）开通运营。

2019年1月，北辰科技园北站开通运营。

2021年12月，李七庄南站开通。

2024年9月，京华东道站开通，标志着全线贯通。

天津地铁5号线空间的天津文化元素与设计表现形式

天津地铁5号线是天津市地铁网络的重要组成部分，它连接了天津市的北部、中心和南部地区，沿途经过了许多具有天津特色的历史文化遗迹、商业中心和居民区。为了体现天津的城市特色和文化内涵，天津地铁5号线空间设计在保持具有统一性和连贯性的标准站（图3-12）的同时，也注重个性化和差异化，根据不同车站所处的地理位置、历史背景、功能定位等因素，选择合适的天津文化元素，并采用不同的设计表现形式，使得每个车站都成为一个具有独特风格和氛围的文化空间，为乘客提供不同的出行体验。这种空间设计不仅展示了天津的城市形象和文化内涵，也增强了乘客的归属感和认同感，有利于提升天津地铁的品牌价值和社会影响力。其中，金钟河大街站（图3-13）是5号线中极具特色的站点，是天津地铁5号线和6号线的换乘站。这座车站以其独特的设计和宽广的站厅面积而闻名。金钟河大街站的站厅顶部被设计成星空穹顶，让行走在站厅的乘客仿佛置身于宇宙之中。同时，金钟河大街站的站厅面积非常宽广，这样的宽敞空间方便了乘客的出行，还使整个车站更显气派和壮丽。

图 3-11 天津地铁 5 号线标志色和站点
（图片来源：https://baike.baidu.com/item/%E5%A4%A9%E6%B4%A5%E8%BD%A8%E9%81%93%E4%BA%A4%E9%80%9A%E5%8F%B7%E7%BA%BF?fromModule=lemma_search-box）

图 3-12 天津地铁 5 号线标准站站厅内景
（图片来源：http://xhslink.com/SNcI0K）

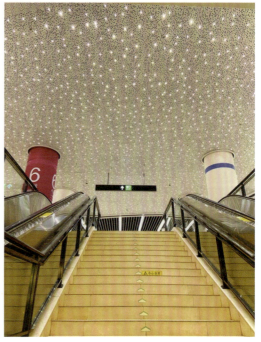

图 3-13 天津地铁 5 号线金钟河大街站站厅内景
（图片来源：http://xhslink.com/2fJW0K）

3.6 天津地铁6号线

天津地铁6号线是天津市快速地铁网中的南北线，它连接了东丽区、河北区、红桥区、南开区、河西区、西青区和津南区等七个行政区。这条线路的建设旨在提升城市交通网络，缓解交通压力，促进区域经济发展，以及提供快速、便捷的公共交通服务。

6号线一期工程的整体建筑设计以天津工业文化为主题，以天津百年工业为背景，通过壁画、老照片、旧机器模型等形式，凸显天津近代历史。这样的设计不仅提供了交通服务，还展示了天津的文化特色和历史遗产。

此外，6号线二期工程的建设速度非常快，总工期仅34个月。这一期工程的建设极大地方便了津南区咸水沽镇、海河教育园区、双港镇等地居民出行，推动了津南区与天津市中心城区的协同发展。

天津地铁6号线空间的天津文化元素与设计表现形式

天津地铁6号线是天津地铁的运营线路之一，北起东丽区南孙庄站，南至河西区与津南区交界的渌水道站，大致呈"C"字形南北走向，作为左半环与天津地铁5号线共同组成市区环状线，代表色是粉紫色（图3-14）。6号线沿途经过了天津市的多个重要区域和景点，如天津北站、天津西站、天津文化中心、梅江会展中心等，承载了大量的客流和信息。因此，6号线在空间设计上也充分考虑了天津的地域特色和文化内涵，运用了多种艺术手法和表现形式，营造了一个富有魅力和个性的地铁空间。

根据车站所处的位置、功能、历史和文化背景，6号线的空间设计可以分为以下两类。

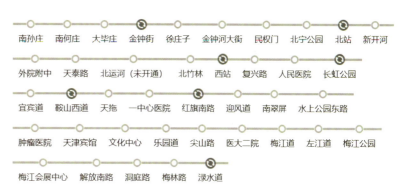

图3-14 天津地铁6号线标志色和站点
（图片来源：https://baike.baidu.com/item/%E5%A4%A9%E6%B4%A5%E8%BD%A8%E9%81%93%E4%BA%A4%E9%80%9A%E6%8F%B7%E7%BA%BF?fromModule=lemma_search-box）

①历史文化型。这类车站以展示天津的历史文化为主要目的,利用壁画、浮雕、照片墙等形式,再现天津的历史风貌和人文风情,例如,民权门站的站厅内景,以其精心设计的元素,展现天津的传统与现代工业的融合。站厅的墙面采用青砖装饰,这种传统的建筑材料呼应天津的历史建筑风格,为站厅带来一种厚重的历史感。青砖的质感与色泽,在现代化的地铁站中,显得尤为突出,为乘客提供了一种穿越时空的体验(图3-15)。浮雕艺术作品作为站厅的另一大特色,描绘了天津的重要历史场景或著名地标,细节丰富,生动地讲述着天津的故事,为站厅增添了艺术气息。

②特色主题型。这类车站以展示天津的特色主题为主要目的,利用各种艺术形式和创意设计,突出了车站的个性和特色。例如,天拖站的文化主题为"机轮运转·铁牛驰骋",站厅内景以其独特的设计元素,向人们讲述着这座城市的工业历史。站厅内的红砖墙再现了天津拖拉机厂的历史遗迹,红砖的质朴与坚固,不仅带有岁月的痕迹,也象征着工业时代的稳健与耐久。齿轮作为工业时代的重要标志,在站厅内的设计中占据了显著位置。墙面上的齿轮装饰或实体装置,都传达出机械与动力的美学(图3-16)。站厅中的拖拉机浮雕墙是对天津拖拉机厂的致敬。这些浮雕展示了拖拉机的各种型号,以及它们在农业和工业中的重要作用,尽管天津拖拉机厂已经搬离了原址,但在天拖站的站厅内,这些设计元素依然让人感受到那段工业发展的辉煌时期。这些设计细节不仅是对过去的纪念,也是对城市工业文化的传承与展示。

天津地铁6号线空间的设计充分体现了天津的历

图3-15 天津地铁6号线民权门站站厅内景
(图片来源:http://xhslink.com/SNcI0K)

史文化、现代商业、自然生态和特色主题等多方面的内容，运用了壁画、浮雕、照片墙、灯光、彩色玻璃等多种表现形式，营造了一个富有魅力和个性的地铁空间。这些设计不仅提高了地铁空间的美观度和舒适度，也提升了地铁空间的文化内涵和城市形象。

图 3-16 天津地铁 6 号线天拖站站厅内景
（图片来源：https://baijiahao.baidu.com/s?id=1717870598338126750&wfr=spider&for=pc

3.7 天津地铁9号线

天津地铁9号线（图3-17），也称为津滨轻轨，是连接天津市区与滨海新区的重要交通纽带。该线路的建设源于1984年12月6日国务院的批复，同意天津市与外商合作建设轻轨高速电车等交通项目。2001年1月18日，天津天保控股有限公司等四家公司共同投资组建了天津滨海快速交通发展有限公司，负责该线路的建设与运营。同年5月18日，津滨轻轨一期工程开工，标志着天津地铁9号线的正式启动。这条线路的建设旨在缓解市区与滨海新区之间的交通压力，促进区域经济的发展。

天津地铁9号线的一期工程从中山门站到东海路站，于2003年9月30日建成通车，并于2004年3月28日开始试运营。二期工程则在2011年5月1日开通试运营，从中山门站延长至十一经路站，进一步扩大了线路的覆盖范围。2012年10月15日，线路延长至天津站，实现了与天津地铁2号线和3号线的换乘，极大地方便了市民的出行。

天津地铁9号线（图3-18）不仅是天津市内的交通动脉，也是连接市区与滨海新区的桥梁，对于促进天津的经济发展和区域一体化具有重要意义。它的建设和运营，不仅改善了当地的交通条件，还提升了城市形象，增强了城市的综合竞争力。随着天津市对外开放的不断深入，天津地铁9号线将继续发挥其重要作用，为城市的发展贡献力量。

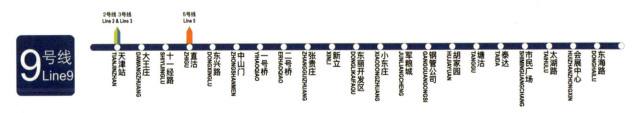

图 3-17 天津地铁9号线标志色和站点
（图片来源：https://baike.baidu.com/item/%E5%A4%A9%E6%B4%A5%E8%BD%A8%E9%81%93%E4%BA%A4%E9%80%9A%E5%8F%B7%E7%BA%BF?fromModule=lemma_search-box）

图 3-18 天津地铁 9 号线站厅内景
（图片来源：http://xhslink.com/SNcI0K）

3.8　天津地铁10号线

天津地铁10号线为城区西南至东北方向的地铁填充线，南起西青区于台站，最终进入北部新区。一期工程（图3-19）由于台站至屿东城站，从卫国道途经沙柳路、海河、柳林、珠江道、丽江道、梅江到梨园头车辆段。标志色为苹果绿。

天津地铁10号线全长43.2千米，采用6节编组B型列车，最高速度为80千米/小时。线路一期工程为21.22千米，共设21座车站，均为地下站，设梨园头车辆段1座车辆基地。

一期工程建设历程

2016年7月，屿东城站开工建设。

2018年7月，进入全面建设阶段。

2019年7月，第一台盾构机顺利始发。

2020年7月，进入铺轨施工阶段。

2021年12月，全线车站主体结构封顶，盾构区间贯通。

2022年11月，于台站至屿东城站正式开通运营。

天津地铁10号线空间的天津文化元素与设计表现形式

天津地铁10号线，以其标志性的苹果绿色调为人们所熟知，自一期开通以来，已成为城市交通的重要组成部分。一期线路贯穿于台与屿东城，共设21个站点，不仅与2号、4号、1号和5号线实现了无缝换乘，还与9号和6号线通过站外虚拟换乘方式连接，极大地方便了市民的出行。列车采用由中车四方股份公司精心研制的6B型车辆，车内设计注重乘客体验，明亮的灯光、舒适的座椅以及清晰的LCD报站显示屏，都体现了人性化的设计理念。此外，

图 3-19　天津地铁 10 号线一期工程标志色和站点
（图片来源：https://baike.baidu.com/item/%E5%A4%A9%E6%B4%A5%E8%BD%A8%E9%81%93%E4%BA%A4%E9%80%9A%E5%8F%B7%E7%BA%BF?fromModule=lemma_search-box）

车厢连接处配备的USB充电口预示着未来将能满足更多旅客在出行中的充电需求。

沿线的江湾二支路、玛钢厂、财经大学、沙柳南路和屿东城等站点，以其独特的主题风格壁画而引人注目，为乘客的旅途增添了艺术的享受。友谊南路站采用裸装工业风格设计，彩色管线宛如空中彩虹，为这座现代化城市增添了一抹亮色。被誉为"智慧车站"的环宇道站，以其先进的技术和设施，展现了天津地铁向智能化、信息化发展的决心。

天津地铁10号线的屿东城站（图3-20）位于天津市东丽区，是现有2号线和10号线的换乘站。走进屿东城站的站厅，仿佛进入了一个天然氧吧，绿意盎然，清爽宜人。整体设计简约有序，顶部的方通线性排列和从绿色到白色的渐变，让人联想到

图3-20 天津地铁10号线屿东城站站厅
（图片来源：http://xhslink.com/SNcI0K）

桥梁的造型，既从视觉上抬升了车站空间，又让乘客感受到视野的开阔。站厅中部绽放的六叶草形花朵灯更是点睛之笔，点缀出了天津城市生态魅力和时尚特色。特色站里少不了壁画，屿东城站的壁画名为"津桥律动"，它提取了桥园公园中的景观元素，以融入式雕塑的形式展现散步、骑行、奔跑等人文场景，展现了天津桥文化艺术的多样性和天津的生态宜居环境。

屿东城站以其白绿色的穹顶设计，形似六瓣花朵，成为天津地铁线路中的一大亮点，充分展现了天津地铁在设计上的匠心独运和对美学的追求。财经大学站（图3-21）则不仅是与1号线天地换乘的重要节点，其内部渐变绿色的装饰也为乘客带来了一丝清新与宁静。这些设计不仅提升了地铁站的功能性，也为城市文化的传播和美学教育提供了新的平台。

环宇道站（图3-22）的站厅设计融合了智能化与艺术性。站厅墙面上的壁画以象征海河的弯曲造型作为背景，结合古代交通、津门历史、漕运文化、近代交通、地铁等内容，多角度、全方位讲述了天津地铁的发展故事。站厅顶部的设计也极具特色，广泛采用了曲线的方通和线条灯。中部的线条灯采用七彩变色的灯具，展示天津母亲河——海河的波澜起伏，寓意着天津地铁事业的蓬勃发展。环宇道站采用了20多项智慧技术应用，包括3D综合运管平台、一键开关站、大客流感知、集中判图、环境感知、视觉监护等多项应用，使得乘客的出行更加便捷和安全。环宇道站不仅是天津地铁网络中的一个节点，而且它的设计和功能展示了天津作为国际化大都市的生机与活力。这座车站是天津智慧城市建设的一个缩影，也是城市文化与科技进步的一个标志。

友谊南路站（图3-23）位于天津市河西区梅江街道珠江道与友谊南路交口。友谊南路站是天津地铁首座采用裸装风格的车站，内部装修简约纯粹、内实外美。顶部的风、电以及消防管线被涂装成红、蓝、黄、绿等多种颜色，不仅方便日后根据颜色识别检修，也体现了地铁建设的工业特色。友谊南站设有两个出口，分别位于珠江道南侧友谊南路西侧和珠江道南侧友谊南路东侧。此外，友谊南路站还实施了站外换线联程优惠，乘客在本站与左江道站出站换线联程时，在不更换乘车介质的情况下30分钟内可减1元。

江湾二支路站（图3-24）位于天津市西青区丽江道与江湾二支路交口，车站结构采用双柱三跨的形式，通过两根立柱将空间分为三个部分，使车站建筑空间利用最大化，同时具有良好的视觉稳定性，看起来更加美观。吊顶采用了弧形方通的形式，增加了美感，提高了挑高高度，使得空间更富有流线感。站厅整体以简约的白色搭配黄色线段进行勾

图 3-21　天津地铁 10 号线财经大学站站厅内景
（图片来源：http://xhslink.com/LK8r1K）

3　文化初探：天津地铁建设与文化研究　/　091

图 3-22 天津地铁 10 号线环宇道站厅内景
（图片来源：http://xhslink.com/LK8r1K）

图 3-23 天津地铁 10 号线友谊南路站厅内景
（图片来源：http://xhslink.com/LK8r1K）

 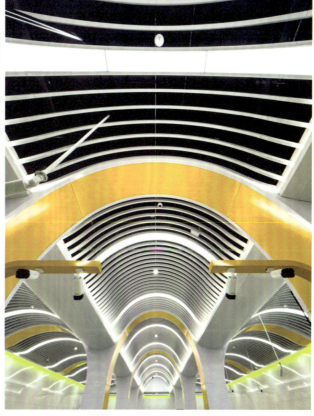

图 3-24 天津地铁 10 号线江湾二支路站站厅内景
（图片来源：http://xhslink.com/ps9xDP）

勒，出入口标识采用了绿色树叶搭配昆虫的填充。这种设计风格体现了天津地铁 10 号线作为"生态宜居线"的特点，清新亮丽，展示了天津国际化大都市的生机活力。站厅层最引人注目的是一幅名为《梅江春月》的壁画。这幅壁画提取了江湾二支路站周边梅江公园的景色元素，运用了多层次钢板浮雕的形式，将城市建筑剪影、绿色生态环境和惬意的生活人群融合在一个长卷中。用简洁明快的白色与绿色，打造了一幅时尚清雅窗景。

玛钢厂站（图3-25）的设计理念是"以人为本"，提取中国北方传统建筑经典的"人"字屋顶元素，巧妙地构筑地铁空间。这种设计体现了对乘客的关怀，展示了天津地铁在现代化建设中对传统文化的尊重及与其的融合。站厅内部装饰简约而现代，以明亮的色调为主，营造出宽敞舒适的空间感。墙面和天花板的设计巧妙地融入了"人"字形的元素，使得整个站厅既有现代感又不失温馨和谐。此外，站厅内的指示标识清晰易读，为乘客提供了便捷的导向服务。

天津地铁10号线不仅在提供高效便捷的公共交通服务方面发挥着重要作用，其独特的设计和人性化的考量也为提升市民的生活质量做出了贡献。随着天津地铁网络的不断扩展和升级，它将继续引领城市公共交通的发展，为天津乃至整个区域的经济社会发展注入新的活力。

图3-25 天津地铁10号线玛钢厂站站厅内景
（图片来源：http://xhslink.com/KTQwDP）

3.9　天津地铁11号线

天津地铁11号线是天津市中心城区东西向骨干线路。一期工程于2019年7月12日开工，东段（东江道至东丽六经路）于2023年12月28日开通运营，西段（水上公园西路至东江道）预计于2024年年底开通运营；一期西延长线于2021年2月11日开工，预计于2025年开通运营，其标志色为海河蓝。

天津地铁11号线一期工程线路西起南开区复康路与水上公园西路交口的水上公园西路站，东至东丽区津塘二线与六经路交口的东丽六经路站，线路东端设置七经路车辆段。一期工程西延长线从水上公园西路沿复康路向西延长，延长到保山西道与文洁路交口处的文洁路站。

11号线一期工程途径南开区、河西区、河东区、东丽区四个行政区，串联复康路、八里台、儿童医院、友谊路、文化中心、新八大里地块、陈塘科技服务区、天钢柳林、新立示范镇、东丽开发区等客流集散点。截至2023年12月，天津地铁11号线一期工程东段全长12.27千米，全部为地下线；共设置11座车站，全部为地下车站；设1个停车场，七经路车辆段1座车辆基地。

一期建设历程

2019年7月，一期工程正式开工建设。

2020年，多个车站主体结构陆续封顶。

2021年，全线隧道贯通，进入铺轨和机电安装阶段。

2022年，完成热滑实验，进入空载试运行阶段。

2023年12月，一期工程东段（东江道站至东丽六经路站）开通运营。

天津地铁11号线空间的天津文化元素与设计表现形式

天津地铁11号线的设计充分融入了天津的城市文化元素。以下是一些具体的表现形式。

吴家窑站：该站的文化主题定位为天津记忆。在站厅公共区设置"津城旧事"公共艺术品，在楼梯端墙增设砖雕作品，配合车站红砖饰面砖和仿清水混凝土板，进一步烘托文化主题整体气氛。

佟楼站：位于历史悠久的天津市儿童医院附近，该站公共艺术品采用漆画工艺，表现欢快活泼的儿童主题。

迎宾馆站：以天津建筑为主题，将天津各个时代最具代表性的建筑表现出来，别有一番风味。

文化中心站：通过壁画设计等形式展现天津城市文化，候车厅的座椅、茶几体现"城市客厅"的温情格调，车站整体营造宁静闲适的氛围。

此外，根据站位及站型特点，地铁11号线确定了7座有文化特色的重点站，分别为"百年南大"八里台站、"津城旧事"吴家窑站、"童年色彩"佟楼站、"津门之窗"迎宾馆站、"天津历史"文化中心站、"交融天下"陈塘站、"地铁风采"环宇道站（图3-26）。这些车站都将以实物模型、漆画壁画、铸铜浮雕、多媒体展示等形式，展现渤海之滨、津沽大地、运河文化等丰富的历史底蕴和热情好客的津城独特风貌。

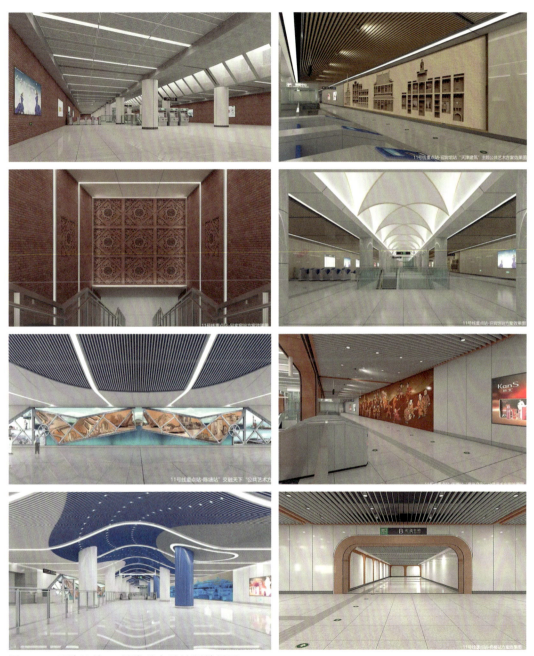

图 3-26 天津地铁 11 号线重点站站厅效果图
(图片来源:https://www.thepaper.cn/newsDetail_forward_21880119)

3.10 天津地铁7号线

天津地铁7号线是纵贯天津城市中心城区南北方向的骨干线路，标志色为棕色。它于2019年7月动工兴建，预计2024年年底或2025年初迎来首次运营。这条线路的建设见证了技术的进步、城市的发展以及人民生活水平的提高。

开工奠基：2019年7月12日，天津地铁7号线的建设正式启动。这一天，不仅仅是一项新的基础设施工程的开始，更象征着天津市对未来城市交通蓝图的坚定承诺。7号线是天津市首个以PPP模式实施的地铁整线项目。

施工进展：进入2020年，7号线的建设工作稳步推进。5月5日，梅江会展中心南站的冠梁及混凝土支撑提前7天完成施工，这一成就体现了工程团队的高效协作和对时间节点的严格控制。到了2021年7月，车站主体围护结构完成了75%，土方开挖完成了23%，主体结构完成了12%。这些数字背后，是无数工程师、技术人员和建设工人的辛勤劳动和智慧结晶。

技术创新：在天津地铁7号线的建设过程中，采用了多项新技术和新材料。例如，在隧道掘进中，采用了先进的盾构机械，极大地提高了隧道施工的安全性和效率。在车站建设中，引入了模块化设计理念，使得车站的建设更加快速和灵活。

社会影响：地铁7号线不仅仅是一项交通工程，其建设还对周边地区的经济发展、房地产市场以及居民的日常生活产生了深远的影响。随着地铁线路的逐渐成形，沿线地区的商业活动更加活跃，房价也有所上涨，居民出行的便利性显著提高。

未来展望：2024年，天津地铁7号线的建设进入了冲刺阶段。预计开通后，7号线将成为连接天津南北的重要交通纽带，极大地缓解城市交通压力，提升公共交通服务水平。它不仅将成为天津市民出行的首选，也将成为天津城市现代化的一张亮丽名片。

天津地铁7号线的建设历程，是一部充满挑战与机遇的发展史。它不仅展现了天津城市地铁的发展趋势，也反映了天津这座城市的活力与魅力。

3.11 天津地铁8号线

天津地铁8号线，一条蜿蜒穿梭于现代都市之中的紫色轨迹，不仅是城市交通的重要组成部分，更是天津发展的一个缩影。从规划到建设，它的每一步都凝聚着无数建设者的心血与智慧，见证了天津从过去到未来的跨越。

规划的曙光：一切始于2012年6月，当中华人民共和国国家发展和改革委员会批准《天津市地铁5、6号线调整及6号线延长线工程可行性研究报告》时，8号线的前身——6号线二期工程便正式启动。这一批复，不仅是对天津地铁网络扩展的肯定，也是对天津城市未来发展的期许。

实践的开端：2019年1月，天津地铁集团有限公司公布了《天津地铁6号线工程环境影响报告书》，并在2月开工建设。这一年，是8号线建设历程中的关键一年，它的开工不仅标志着一项新的交通工程的开始，更预示着天津交通网络向更高级别的跃迁。

逐梦的脚步：2020年3月31日，8号线首通段进入盾构施工阶段，这是地铁建设中的一个重要阶段，标志着工程建设进入了一个新的阶段。9月，铺轨工作开始，为未来列车的顺畅运行奠定了基础。

光辉的成就：2021年2月28日，8号线首通段全线隧道贯通，这一刻，是所有建设者心中的骄傲。8月24日，进入空载试运行阶段，这是地铁建设前往运营的最后一程。11月24日，工程通过竣工验收，12月28日，伴随着首班列车的驶出，天津地铁8号线迎来了它的首秀。

未来的展望：天津地铁8号线的建设，提升了城市的交通效率，推动了周边区域的经济发展。它的成功运营，是天津向现代化大都市迈进的坚实一步。随着未来更多线路的建成，天津的地铁网络将更加完善，城市的面貌也将因此而焕然一新！

4 学术探源：地铁空间艺术与设计研究

- 城市更新背景下地铁空间公共艺术设计研究——以天津地铁为例
- 地域文化视角下天津城市地铁空间的艺术应用研究
- 符号学视角下城市地铁空间的设计艺术研究——以天津地铁11号线文化中心站设计为例
- 红色文化基因在城市地铁空间中的艺术化表现与传播
- 美育视角下城市地铁空间的艺术应用研究
- 艺术介入地铁空间文化建构的多维方式研究——以天津地铁一号线小白楼站改造为例
- 马赛克镶嵌壁画在城市地铁空间中的艺术应用研究——以北京地铁19号线为例
- TOD模式下地铁站与商业空间的耦合设计探究——以天津地铁3、5号线为例
- 空间叙事视角下城市地铁空间艺术化设计的探索——以北京地铁19号线为例

4.1 城市更新背景下地铁空间公共艺术设计研究
——以天津地铁为例

【摘要】城市更新作为推动城市发展的重要手段,在城市的各个地方进行着,但城市地铁空间在高速更新的过程中,在一定程度上仍存在一系列问题。设计者应从改变认知、加强特色站点建设以及将公共艺术装置介入地铁空间等途径,对地铁空间进行融合设计,将城市的本土文化融入其中,促进城市地铁空间发展。本文将理论在实践中加以应用,为天津的城市更新添砖加瓦。

4.1.1 当前城市地铁空间设计矛盾

1. 城市文化表达存在"千城一面"现象

城市的高速发展有利有弊,虽然推动了经济的发展,但也在城市化的过程中部分舍弃了富有强地域性的文化。设计者通常采用标准化、模数化的技术,照搬照抄"成功"地铁的运营模式、设计手法。

在地铁空间中,导致地铁空间千城一面现象的原因可以归为三个方面。

①形态的缺失:如今的地铁普遍采用统一制式的屏蔽门加集成吊顶的形式,过于强调功能性使空间非常简洁。但其形态上并不具备地域性的辨识度,乘客在看到如此形态后不会产生联想,也无法直观地看出其所在的城市,更体会不到城市的文化特征。

②颜色的丢失:地铁空间中为了强调线路色、减少导视系统的阅读阻碍,基本将空间大色调定为白色。城市的地域文化是繁复且具有层次的,单一的颜色及灯光表达力度有限,无法使乘客感受到地域文化带来的魅力与活力。

③精神内涵的遗失:高速的发展和标准化的建设使地铁空间缺少文化底蕴或是整体主题不够突出,同时设计师在快速的方案设计中缺少对城市文化特征的思考和认知,长此以往便导致城市的文化底蕴无法主观表达。

这种多方面的丢失与高度的相似,加剧了地下空间的单调乏味,大批量雷同的空间会给人造成对周边环境的陌生感,这样的地铁空间设计也是违背了人性化理念的。如此往复将会导致本地乘客或外地游客对城市的印象弱化，也会降低所在城市的辨识度。

2. 地铁空间设计存在"内外失联"问题

地下空间与地上空间却缺乏有效的关联。地铁空间在建筑、装饰、设备、导视系统以及公共艺术方面，都采用基本统一的制式，这与地上空间的多元化、特征性强、记忆点多的情况完全相反。因此，乘客在地铁空间中除了求助于导视系统之外，很难判断地上的情况和方位，这就造成地铁空间与地上空间在纵向上的关联性缺乏。此外，一般的导视系统所能起到的引导作用是有限的。对于老年人和儿童来说，文字性的导视牌、出站口平面图一类的导视系统会存在难看清、难阅读、难理解等一系列问题。如图4-1所示，我们第一眼可以清晰地看到B、C、A、D四个字母，却不能捕捉到字母所指代的地点。

直观的、感性的以整体空间为介质的引导方式是值得被提倡的。相对于文字图片信息介入的硬性引导方式，从地铁内部装饰设计到公共艺术等方面的一体化"软性引导"更胜一筹。

图4-1 城市地铁导视系统普遍现状
（图片来源：长江商报，www.changjiangtimes.com）

4.1.2 城市更新导向下的地铁空间设计策略

1. 线路站点层级划分，加强地铁特色站点设计

在整个地铁系统中，站点是构成线路和网络的重要因素。站点与站点之间根据实际的具体需求存在着层次、类型、级别上的差异，而对于这些站点应有不同的设计要求，要有针对性地加强地铁特色站点空间的设计。

（1）地铁站点级别类型特征

①根据建筑类型，可以分为地下站、地面站和高架站三种。绝大部分城市采用地下类型建筑空间，即站台层、展厅层均在地下。地下站无自然采光，是全封闭的空间，所以通过灯光色彩消减其空间压抑感是重中之重。地面站和高架站相对于地下站数量上少很多，基本不涉及采光不足等问题，在

设计中我们应该着重考虑空间通透性以及纵深的速度感。

②根据地铁车站的网络功能，可以分为单线站、换乘站和枢纽站三种。单线站为一条线路穿过的站点，结构最为简单，一般为一层站台层与一层站厅层。换乘站为两条线路相交的站点，结构相对复杂，一般为两层站台层和一层站厅层。在设计中应注意两层站台层之间的差异，通过特定事物创造记忆点，避免乘客混淆。枢纽站最为复杂，是三条或三条以上线路交会的站点，拥有三层或三层以上站台层和一层站厅层。在设计中不仅要将各个线路用导视系统进行区分，还要考虑各种峰值客流量等问题。

③根据地铁车站在城市中所处地段的重要性，可以分为一般站和重点站。重点站地处重要地段，如市中心、商街等。因其周边文化或经济因素较强，在设计中应体现城市文化特色。

（2）不同类型站点设计的差异性

我国地铁仍处于大规模建设阶段，效率仍是放在第一位的，所以在整条地铁线路中应有取舍的做地铁空间设计，抓重点站、枢纽站等具有特色或是需要着重进行设计处理的站点，同时控制好一般站点与重点站的人力物力投入比例，分清楚站点之间的层级关系。

2.突破常规设计，实现认知思维的转变

地铁设计当中所产生的一系列问题是设计者循规蹈矩、长期的固有认知所导致的，因此从多角度转变思维是地铁空间设计提升的关键。

（1）交通空间向文化空间的转变

交通通行是地铁的基础功能，但城市地铁空间人群覆盖广、人流量大、建筑密度高这三点使其成为公共信息传播的一种重要载体，地铁空间不得不从单一的交通空间转变为信息文化传播空间。

地铁作为公共建筑是城市建筑当中的重要组成部分，实现对人的聚集，支撑人与人的社会交往活动，同时也满足人的社会实践需要，是反映城市文化氛围和精神内涵的重要空间。界定地铁空间文化的传播内容和传播方式是当下需要考虑的事情。地铁空间的文化氛围营造应该提取地域性的文化元素，运用包括室内装饰、公共艺术在内的各种手段来实现。

不仅仅是对单纯的地铁空间内部，对地铁站点的地上空间及其周边地区的公共空间也要用合理的设计手段进行文化营造，充分发挥地铁空间的文化"吸收+辐射"作用。这为地铁注入社会文化内涵，并可实现公共空间中社会、艺术、经济效益的联动发展。

（2）局部艺术装点向整体艺术装饰的转变

局部带有壁画、浮雕是我国当前地铁空间公共艺术的主流表现方式，虽然也具有一定装饰意味和艺术信息传达能力，但对于地铁空间的整体艺术氛围营造来说，这类表现方式是局部的、零碎化的，并不能做到整体空间的艺术表达。地铁空间设计需要从整体入手，确立空间主题，在诸如设施、导视、装饰等方面加入艺术表达。整体的转变是重要的。以图4-2中的地铁站为例，空间整体以红色为主色调，提取地上建筑元素并抽象化以对空间进行装饰，对导视、柱子、里面图案等进行艺术化处理。空间极具整体性，做到了传统局部装点到整体装饰的转变。

3.公共艺术设计介入，激发地铁空间活力

公共艺术的设计要兼顾艺术性和公共性，在使地铁空间更加美观的同时要坚持公共性的根本价值。

（1）互动性装置的引入

地铁车站大部分位于地下，因此乘客的心理是设计封闭空间时要考虑的环节。思考人处于地铁空间内的心理诉求以及对周边环境的认知，对空间公共艺术装置设计是有指导意义的。公共艺术装置通过色彩和材料产生图像画面被乘客感知，同时从装置中也能察觉出人的活动痕迹，这正应对了雷尼·霍夫曼的艺术观察的核心所在：人与场所的相互影响的关系。

互动装置可以分为个体互动与群体互动装置。与单一个体的人互动的为个体互动，而群体互动装置可以有多人同时参与。我们以人与灯光的互动装置为例，如图4-3所示。

该装置以墙壁为媒介将灯光影像映射其上，当人们站在幕布周围时影像会随人们动作的变化而变

图 4-2 大连中山广场地铁站进站口设计
（图片来源：站酷，https://www.zcool.com.cn/work/ZMzI3MzE1NTY=.html）

图 4-3 互动灯光装置
（图片来源：湖南剑波环境景观工程有限公司，www.hnjianbo.com）

化。若将该设置应用在地铁空间公共艺术设计中，这种简单肢体动作在人们进站出站行走的同时就可以完成，不会产生因想与装置互动而停留的行为，以免阻碍交通。如果将这个装置拓展延长，使装置的互动性不仅仅存在于人与装置之间，人与人之间的不同动作产生不一样的影像效果，使人与人之间也产生了关联。乘客不再是单一个体，而组成了"1+1等于或大于2"的群体，这在一定程度上减少了乘客乘车时的乏味感，由此乘客心理得到调节。

（2）新媒体沉浸式艺术的应用

当人们活动时，如果完全投入情境当中，注意力集中，并且将周围一切不相关的信息过滤掉，即进入沉浸状态，此时获得的体验便是人们通常所说的沉浸式体验。在地铁空间中的"沉浸"并不是完全的沉浸，而是利用人的感官与认知，营造某种氛围让乘客进入某种状态，进而使乘客有一种置身于地铁主题空间之中的感觉。当下的时代，人作为主体对空间的认知以及和空间的关系都在向动态发展，而且这种现象一定会出现在艺术设计当中。这在地铁中通过壁画、浮雕、圆雕等多种艺术形式表现出来，但这些表现形式的介入对于新时代的人们来说，是远远不够的。地铁空间的艺术设计也要与时俱进，传统的静态纹样展示需要观者仔细解读，渐渐已经无法在快速通过的地铁空间中来满足乘客

需要。人们需要直观、简洁、高效的沉浸式艺术表现手段，比如电子屏幕、多维体感设备、全息投影或是人工智能互动等，因此在进行空间设计时需要针对空间关系做出适应人的和表达出主题氛围的沉浸式艺术。

4.1.3　城市更新导向下的天津地铁空间公共艺术设计实践

挑选天津地铁4号线与1号线较为有特色的两个站点进行具体分析和设计方案论述。其中4号线六纬路站为新建站点，它作为重点站，其设计投入较大。1号线小白楼站点为旧站改造，秉承轻装修重装饰的原则进行改造。

1.1号线与4号线站点概况

（1）1号线和4号线线路概况

①1号线：1号线为已建成路线且建设时间较早。标志色为红色。沿线经北辰区、红桥区、南开区、和平区、河西区、津南区等。1号线的文化定位为展现天津南北交融、中西交会的卫派文化，展现天津独有的气质。

②4号线：4号线的标志色为绿色，线路北起北辰区小街，南至新兴村，是经过中心城区的中心放射线。沿线经北辰区、河北区、红桥区、南开区、

和平区、河西区、河东区、东丽区等行政区。4号线应将其文化定位于天津的工商业发展，展现天津的贸易与工业的盛况和良好的经济文化景象。

（2）站点规模等级划分

不同站点体现不同文化特征：标准站站点周边有明显的文化特征，体现全线文化特征；线路文化站周边有典型文化特征，以换乘站居多，客流流量相对较大；全网重点站周边具有地标性文化特征，多线换乘，客流量很大，车站建筑结构有特色，需重点突出区域文化特色，成为全网的点睛之笔。

①标准站：站点周边有明显的文化特征，这类站点最多，是线路特色的骨架，设计应着重遵循标准化、模块化设计理念。

②线路文化站：站点周边具有典型的文化特征，这类站点以换乘站居多，重点突出站点文化个性特色，以个性设计为主。如地铁4号线的六纬路站、徐州道站、金街站、泰昌路站；地铁1号线的西站、西北角站、小白楼站、国家会展中心站等。

③全网重点站：站点周边具有城市地标性的文化特征，重点突出城市文化特色，以空间一体化设计为主。如地铁4号线的东北角站，地铁1号线的营口道站。

2.天津特色地铁站点设计

（1）地铁站点改造与新建在公共艺术设计理念上的差异

站点新建与改造是地铁修建中常见的两种方式，二者在设计方面具有一定的相同点，但也存在着一些差异点。

①相同点：地铁作为日常出行的交通工具，首先需要考虑其功能。必须满足基本的使用功能，例如设施尺度、导视系统、盲道规划等。其次考虑艺术化的处理手法，提高地铁空间的美观度，同时将文化注入设计之中。功能上的齐全与艺术化的处理手法是需要兼顾的。

②差异点：二者最大的区别在于旧站存在一个拆除与保留的环节。旧站点在改造翻新的过程中是否需要大量拆除地铁站原本饰面一类的东西，拆除多少、保留多少、加建多少合适是要着重考虑的。并且改造的过程会对地铁的运营产生极大的影响，以什么样的方式去进行改造可以达到工期短、效果好、成本低的结果同样也是要考虑的。

（2）"百年工业，旧忆回首"主题再现——4号线六纬路站

六纬路站的设计旨在表现天津工业变革的历史场景，回顾天津悠久的工业文化。钢铁虽然没有生命，但其承载了天津不可磨灭的百年岁月。这是一

段一代名城的时代记忆，在设计中力求将一些记忆符号融入地铁的空间中，如电机、管道等，以此来增强乘客的认同和归属感，实现场域与人之间的精神共鸣，在不脱离物质空间的情况下，完成地铁空间从物质空间属性到场域精神属性的合理转变。

①墙面设计：墙面主要通过两种方式进行艺术处理，一是平面的墙绘，二是安装在墙上的灯光装置。两者都吸取天津的各类元素，并进行解构重组。平面的墙绘以低价的手段对空间进行装饰，有效地达到空间设计的氛围要求（图4-4）。而灯光装置在墙绘的基础上锦上添花，让空间"活"了起来。装置内的灯光可通过周围人的肢体动作产生不同的效果，增强空间与人的互动性。二者结合，在地铁站进站口给乘客直观的视觉感受，增加地铁空间的记忆点。

②站厅层设计（图4-5）：站厅层的空间挑高较高，因此需要考虑纵向空间的层次，即顶部向下悬挂部分与地面向上的部分。顶部悬挂的齿轮形状装置，虽然形态具象但也直观地表现了主题。装置镶嵌灯带，起到照明与装饰空间的作用。两侧的造型模仿工厂金属板材，并且每片之间夹灯带，灯光在板材上发生漫反射，提升了空间的氛围感。

③站台层设计：相比站厅层大片的仿金属板材，站厅层的设计在它的基础之上将顶部的"片"缩小，增强横向空间的连续性、串联性，保留了原有的快速通行的功能。还在空间的顶部造型上采用大片的仿红铜金属板，配合暖黄色的灯光营造出工厂中火光在炉中跳动的场景，打造富有老工业气息的沉浸式空间。

图 4-4 六纬路站墙面图案概念设计
（图片来源：作者自绘）

图 4-5 六纬路站概念设计
（图片来源：作者自绘）

（3）"万国风情，时空对话"主题再现——1号线小白楼站

天津是一个具有悠久历史且中西文化交融的城市，既有西式浪漫，又有天津本土的诙谐。小白楼站经过漫长岁月积淀，生发出与之相适应的物质环境和人文环境，使其人文价值与经济价值得以共生。它是一场现代都市艺术情景演绎，利用大胆的色彩碰撞产生强烈的视觉冲击力，营造浓厚的艺术氛围。

①墙面设计：设计以"时空对话"为主题，运用波普风格，采用世界名画"再创造"的方式，表现天津文化包容并蓄，形成自己独特的风格，区域特征明显，文化特征显著（图4-6）。

②站厅层设计：整体色彩与艺术内容上分别展现了天津人突出的特点："热情"与"诙谐"。它体现天津精神文化气质，突出天津文化、天津色彩、天津符号，彰显天津气质。扶梯造型以一种特别的律动形态倾斜倒插入地铁站台层，体现未来科技与现代文明的碰撞，仿佛一个时空隧道带领乘客进行时空对话。

③站台层设计（图4-7）：灯带发出的微光与站厅层的灯光装置相互呼应，共同构成一首光之交响乐，打破冰冷感，在人来人往的地铁通道内给乘客们带来一丝慰藉，使他们感受到天津温度。同时对座椅进行再设计，通过艺术性的整体改造，展现天津文化、天津气质。

图 4-6 小白楼站墙面设计
（图片来源：作者自绘）

图 4-7 小白楼站概念设计
（图片来源：作者自绘）

4.1.4 结语

地铁已经是城市交通中不可取代的一部分，同样也已经成为展现城市文化内涵的门户，其文化信息的传播影响已经日渐深远。本文通过对当下问题进行分析，从整体到局部、从认知到实践对城市地铁空间设计提出几种策略，并结合天津地铁的具体情况加以应用。城市地铁空间必定是向着功能齐全、审美高雅的方向发展的。在注重功能的同时，我们应将地铁空间艺术化作为目标，塑造其空间主题氛围，提升地铁空间的品质，为乘客提供更舒适良好的乘车体验，将天津地铁打造成地域认同感、高城市幸福度高的地铁艺术空间、文化长廊。

作者：孙博序、孙奎利、姚家琳
孙博序 天津美术学院硕士研究生
孙奎利 博士，天津美术学院副教授、硕士生导师（通讯作者）
姚家琳 天津美术学院硕士研究生
本文于2022年发表于《建筑与文化》杂志第9期（因篇幅有限，有所删减）。

4.2 地域文化视角下天津城市地铁空间的艺术应用研究

【摘要】地域文化作为一座城市的生长动力扎根于天津城市地铁的空间脉络之中,具有独特的城市文化特质,对内对外都与城市地铁空间有着密切的联系。以天津地域文化为视角,分别从漕运文化、爱国文化、民间艺术着手,剖析天津城市地铁空间对于其文化的具体应用案例,从而对地域文化视角下天津城市地铁空间的现状策略进行归纳,总结出地域化、艺术化和数字化三方面的空间应用方式。最后,尝试拓宽天津城市地铁空间的设计路径,力图从多角度表达地域文化内涵、提升空间观览氛围、树立智慧服务意识,由此全面传播天津地域文化,并激发天津城市地铁空间活力。

4.2.1 引言

地域文化勾勒每座城市独特的样貌,天津的地域文化包括海河文化、漕运文化、爱国文化、民族工业等。

地域文化与城市地铁空间有着密切的关联。天津城市地铁空间深度融合漕运文化、爱国文化、民间艺术等地域文化,从地域化、艺术化、数字化三个角度,充分彰显了天津城市的地域文化、艺术审美与数字发展。随着大众审美需求的不断提高,地域文化视角下天津城市地铁空间的设计路径也应随之提升,从文化、艺术、大众层面表达地域内涵、提升观览氛围、提供智慧服务,真正做到从理念到设计再到服务的全方位创新,从而形成天津城市地铁空间的文化新名片。

4.2.2 天津地域文化与城市地铁空间的特质及关系解析

1. 地域与文化:地域文化的特质

地域文化是指一定区域内部逐渐产生、发展的一种文化形态,是该地区的民风与民俗、民间艺术、历史遗迹等因素的集合。文化在一定的地域环境中,受环境熏陶,打上了地域的烙印,地域与文化的相互作用便形成了宝贵的地域文化。地域性文化的形成是一个较长的过程,随着时代的变化,地域文化也会变化发展,但是其根本文化具有相对稳定性。针对天津地区来说，其文化也受地域影响，独具特色，是天津人民独一无二的珍宝。从宏观上看，天津本身有着独特的文化特质——津蕴文脉，天津经历了六百余年的风雨变迁，其城市的发展历史本身就是这个城市与其他城市的相异之处，是只属于天津的文化特质。例如天津城市的形成与发展从始至终与海河息息相关，海河的水系在几千年中不断滋养着天津这片沃土，给其带来无穷无尽的资源，由此海河文化应运而生；天津六百多年的历史与京杭大运河的漕运功能密不可分，天津作为江南北上京城的必经之路，自然而然成为极为重要的漕运枢纽，以此形成了天津的漕运文化；天津作为洋务运动和北洋新政的中心，不屈不挠的天津人民携手共同构建出具有天津特色的爱国文化；受洋务运动的影响，除了租界建设外，还自发发展了振兴中华的新兴事业——民族工业，其中包括军事工业、民用工业以及铁路，同时民族工业也随着时代发展逐渐转变为天津的文化特色；商埠文化与海河文化与漕运文化息息相关，水系的连接使天津一步步走向商埠文化；洋务运动开启了中国教育近代化的序幕，1900年义和团运动后，中国兴起了开办近代教育的高潮，天津科教文化便是从北洋大学堂的建立开始的……

2. 空间与地域：外在场域的相合

地铁交通无疑推动了城市化的进程，在方便人们出行的同时也丰富了城市的垂直空间层次。将地域文化中的"地域"与城市地铁空间看作同类别的场域来设定。在地理位置上地域文化中的"地域"是固定的，是不随时间而改变的。同样以地理位置为基准，城市地铁空间根据其所在的位置与地域文化中的"地域"产生一定的关联，从而对空间主题产生文化上的提升。那么对于天津来说，地域文化的丰富性为城市地铁空间提供了更多与其相合的可能性，地域影响空间，空间营造地域，在空间与地域的场域循环下，地域文化主题的城市地铁空间才有理可依、有迹可循。

3. 空间与文化：内在人文的相叠

在外在场域相合的基础上，地域文化中的"文化"便也在不知不觉中与城市地铁空间产生联系。将地域文化拆开来看，如果说"地域"是外在的场域基因，那么"文化"则是内在的人文基因，对城市地铁空间起到支撑的作用。地铁相较于其他城市交通，因其独特的运行模式、空间体量、分布范围，被赋予除了物质功能以外的多元性、开放性、文化性和艺术性。在已知城市地铁空间的外在地域特质后，便可知其所在地区的文化特质，在众多文化之中提取与城市地铁空间最具交叉性的文化作为空间主题,由此在某种程度上产生内在人文的相叠,使地域文化在相叠的作用下脱颖而出。

4.2.3 地域文化视角下天津城市地铁空间的应用案例剖析

1.漕运文化

天津地铁4号线六纬路站以漕运商业的历史变迁为空间创作题材(图4-8),地铁站空间上方采用对称的形式表现,吊顶正中间也以船头为造型作为整个站点的视觉中心,四周的墙面也附有LED屏幕,讲述着运河带动天津商业贸易发展的历史故事。此外,站点整体以蓝色为基调,蓝色指代"运河",更体现出天津漕运文化的主题。

10号线的环宇道站有一面墙壁向乘客展现了一幅长近300米的《潞河督运图》,该图描绘出海河沿岸漕运繁忙的景象(图4-9)。其中《潞河督运图》呈现弯曲状,并在其两侧运用流水状的灯带线条进行装饰。在颜色上,《潞河督运图》总体呈现灰绿色调,除《潞河督运图》外剩余的背景部分则采用灰褐色,饱和度较低的红与绿形成微弱对比,色调柔和,传递出古色古香的韵味。

5号线的志成路站中有一幅名叫"南漕北运·汇集津门"的主题墙,文化墙借鉴了清代国画的构图,颇有《清明上河图》的影子,展现天津运河贯通、漕运兴盛的历史。此外,直沽站是5号线与9号线的换乘站,其站厅的文化墙设有大直沽天妃宫壁画,画面中间便是与漕运息息相关的人物——妈祖娘娘。

图4-8 天津地铁4号线六纬路站
(图片来源:http://tjbh.com/c/2022-11-12/1125373.shtml)

图4-9 天津地铁10号线环宇道站壁画
(图片来源:http://tjbh.com/c/2022-11-12/1125373.shtml)

2.爱国文化

地铁3号线的周邓纪念馆站是天津爱国文化地铁站。地铁站的主题为"家国情怀·党风楷模",在狭长的空间中,墙面以文化灯箱的形式进行展示,并按照年份顺序依次排布,红色也不出意外是此车站的主题色,将党的光辉历史与地铁公共空间巧妙地结合了起来,拓展了社会主义先进文化传播的路径。

3号线津湾广场站爱国文化的体现便有些许不同,其站点设有一幅名为《历程》的主题壁画,壁画由不锈钢铸造而成(图4-10)。作品采用浮雕的艺术形式,形态边缘整齐,在构图上也呈现出疏密得当的序列感,以海河、人、城市等为元素线索串联画面形成故事,且其长卷的特征与地铁站狭长的空间相符合,形成和谐的空间感。整幅作品以时间为轴分为序曲、复兴、和谐天津和创造辉煌四个部分,展现了从鸦片战争到新中国成立再到未来发展的大型史诗,完整表达了天津人民辛勤建造新天津的光辉历程。

图4-10 天津地铁3号线津湾广场壁画《历程》
图片来源:https://www.zhihu.com/question/26728881

3.民间艺术

1号线西北角站是相声主题文化车站,车站内部主要以文化墙的形式展现天津相声的渊源以及天津相声表演艺术家的图像资料。同时,地铁站空间墙壁以天津早期建筑的砖瓦造型为底,将相声演出的舞台场景与"西大湾子胡同""铃铛阁大街"等场景相结合,此外文化墙中还向来往乘客展示了天津城厢保甲全图,这样既为地铁空间增添了城厢魅力,又打造了全新的城市文化新空间。

11号线地铁空间的艺术设计主要体现天津的文艺风情,所选择的站点也紧密贴合其文艺特色,如八里台站的"百年南大"主题、吴家窑站的"津城旧事"主题、迎宾馆站的"津门之窗"主题等。

4.2.4 地域文化视角下天津城市地铁空间的现状策略归纳

1.地域化:天津城市地铁空间中的地域文化

以地域文化为精神内核的地铁公共艺术设计强调对地域文化的传承,这也使得地域文化在现代社会获得了动态延续。在天津城市地铁空间中,地域文化是不可忽视的重要一环,两者的结合使地铁空间活跃起来。天津的地域文化种类丰富,并且文化的名称与分类也极为明确,这主要得益于政府对文化的高度重视。城市地铁空间作为合适的空间载体，对地域文化的传播也起到了重要的作用，从站点的分散程度与数量上看都与地域文化的特点贴合，所以将地域文化引入城市地铁空间是既合理又巧妙的。

2.艺术化：天津城市地铁空间中的艺术审美

在艺术化的视角下，天津城市地铁空间的设计呈现出十分明显的进步，在空间维度、艺术形式、特色运营等方面都有着各自的闪光点。首先，在空间维度上，城市地铁空间的视觉营造不再只停留在表面的统一铺装，而是对空间进行多维度的整体视觉考虑，在顶面、立面设计的基础上，考虑不同功能区、车厢环境甚至车站立面的艺术化设计，使城市地铁空间呈现出多维度且具有整体性的视觉效果。其次，在对城市地铁空间进行艺术化提升的过程中，进行更多艺术形式上的尝试，以纯艺术的形式技艺提升天津城市地铁空间的审美属性，如壁画、雕塑、新媒体艺术、视错觉形式等。在艺术技艺的基础上，设计者对其进行材料上的提升，如使用不锈钢进行浮雕创作、使用3D打印技术创作雕像等。此外，天津城市地铁空间的主题色选择也更加大胆，设计者根据地铁空间的不同主题更多地选取饱和度更高的颜色进行表达，从视觉上给乘客眼前一亮的观赏感受。最后，天津城市地铁空间也常与特色IP合作，提取具有代表性的IP形象，创造地铁特色站。

3.数字化：天津城市地铁空间中的数字发展

在信息化、数字化、技术化飞速发展的今天，人们越来越受新兴事物的吸引，故天津城市地铁空间也应顺应高速的时代发展，目前的空间设计有向数字化延续的趋势，但仍存在一定的问题。天津城市地铁空间整体的设计较为保守，大多采用米白色的搪瓷钢板进行整体上的铺装整合，主题性的车站也大多将艺术化作品进行直接呈现，很少有创新性的突破。例如新媒体、影像艺术、灯光设计等数字化的设计应用还没有到达成熟的程度，在站点的设计上缺少前卫的视觉刺激，希望今后可以取得突破。

4.2.5 地域文化视角下天津城市地铁空间的设计路径提升

1.理念创新：文化截面的地域内涵表达

城市地铁空间的艺术设计应充分凸显地域文化的主题，以文化为导向。各地铁站应根据其所在的区位进行有针对性的地域文化主题空间设计。在传统的城市地铁文化理念中，具有象征性的地域文化往往是十分受欢迎的，但在文化不断创新的今天，文化通过互联网信息进入大众视野，所以对于天津城市地铁空间来说不再存在所谓的"小众文化"。设计者在选择地铁空间地域文化主题时，首先应对文化进行深入剖析，这需要设计者有大量的文献支撑，确保文化与地域的匹配度，且文化选择的着眼点也可相对宽泛些，不局限于传统文化，可以将目光投在新兴的现代化文化上，这便是天津城市地铁空间的理念创新。

2.设计创新：艺术层面的观览氛围提升

（1）形态融合

在地域文化视角下，将文化与艺术连接起来是十分重要的，也是建设城市地铁空间不可或缺的一步，这都与"形态"一词有关。"形态"不仅指宏观空间形式上的形态特征，还表现在微观设计上的符号分解。首先从宏观层面上看，在天津城市地铁空间中空间便是主要的形态。天津的地铁空间形态大致相同，基本上是半封闭式的空间形式，由入口连接通道，通过进站口到达乘车的空间，这种空间形式为展示地域文化提供一个基本的载体，设计者通过对地铁空间的形态规划进一步展示地域文化。其次从微观层面上看，地域文化都拥有自己的符号，设计者通过提取地域文化中的物象，并以象形的手法对其进行分解，如在漕运文化中，船、商铺、妈祖娘娘等都能够使人们从视觉上迅速提取地域文化信息。最后，形态与形态的融合就形成了完整的城市地铁空间。空间形态与文化形态融合的关键在于空间整体性的考虑，艺术作品应与空间形成整体，而不是被简单地置入空间中，除了放置艺术作品的空间外，地铁空间的其他部分也应与艺术作品产生呼应，如将艺术作品中的纹样元素有秩序地融入地铁空间的其他地方，以此简单的提取、分解、融合三个步骤组成完整的以地域文化为主题的城市地铁空间。设计既要对传统文化进行传承，同时还要彰显时代特色，更好地发扬地域历史文化，否则终将被时代淘汰。

（2）色彩提取

色彩被视为提升空间氛围的理想形式，其在空间中的运用可赋予空间情绪化的魅力。天津地域文化都有着自己独特的主题色，设计者应根据文化的差异，进行典型的色彩提取，在整体空间主题、公共艺术、导视系统以及车厢营造上进行色彩呈现。首先，城市地铁空间的整体颜色奠定了空间主题的主基调，这基于设计师对地域文化的了解以及整体思索的结果。对于天津这座城市来说，漕运文化的运河可对应水的蓝色，民间艺术中的杨柳青年画可对应红色，以及城厢文化中青砖灰瓦可对应古朴颜色等，可见在特定的地域中颜色也是文化的识别符号。其次，公共艺术的主要色调也对城市地铁空间至关重要，公共艺术是城市地铁空间的视觉中心，能代表地域文化的主题性艺术作品，其颜色应符合空间整体营造出的氛围，同时从整体上来说，公共艺术作品的颜色应更为醒目，其颜色的饱和度也应高于空间的整体色调。此外导视系统也包含在城市地铁空间的设计之中，国内的地铁导视系统规格大致相同，大多采用规则的几何图形与规范的文字相结合的形式，故只能在颜色上做文章，其颜色也应与空间整体的主题颜色相协调。此外，地铁内各类标识牌、导视系统等，深具艺术功能与社会性功能，也应对其进行深度设计思考。最后，也应将车厢部分的颜色装饰纳入城市地铁空间设计中考虑。目前，车厢都是一致的米白色空间，在颜色与外观的营造上均缺少设计，设计者也应在地铁空间的设计中对其颜色与形态加以考虑。

（3）材料呈现

现代科技与艺术的完美结合，可以让各种文化以不同的形式借助不同的手段和材料得以广泛传播。在天津城市地铁空间的设计中空间材料的呈现也与地域文化息息相关，材料的文化关联度、大众熟知度以及数字现代化发展的成熟程度关系地铁空间的文化表达，好的材料表现也会为空间增添文化亮点。材料与天津地域文化的关联度是材料选择重要的考虑因素，部分材料与天津地域文化的渊源相通，较为明显的常体现在民间艺术中，如杨柳青年画所使用的宣纸材料、葫芦雕刻技艺所需的葫芦材料以及杨柳青剪纸艺术所使用的红纸等都可以用作地铁空间设计中某个部分的材料。在材料的选择上，除了从常见的民间艺术中抽取应用材料，还可以在其他地域文化的基础上进行隐晦的提取，也就是说需要人们通过联想的方式思考材料背后的文化内涵，例如在商埠文化中首先想到铜钱，再由铜钱想到铜材料，这也在无形中使大众对地域文化多一重思考。而且，地铁空间的独特性决定了地铁公共艺术可供改造的空间较小，所以地铁公共艺术的主题选择和材料运用，都要秉承着可持续发展的理念进行。其次，天津城市地铁空间材料的大众性也尤为重要，材料与艺术形态相比更倾向于辅助作用，所以更应该选取大众熟悉的材料，以达到乘客视觉与心理的平衡。最后，材料也应紧跟社会发展的脉络，在安装上采取更为系统的方法，将每个单元材料进行分类编号，以激光为基准进行精密的安装，形成较为震撼的视觉效果。

3.服务创新：大众层面的智慧服务意识

天津城市地铁空间的营造少不了服务上的创新，提升大众层面上的智慧服务意识便也成为空间设计的重中之重。首先应着眼于大众的智慧出行，智慧出行在服务创新中是基础的服务形式，目前常见于自助售票机、支付宝乘车二维码、站点内地铁到站时间等，多种形式的智慧出行服务为乘客带来了许多便利。其次，车厢内站点的液晶显示也逐渐进入大众视野，相比于以前的以涂装为底、以霓虹灯变化显示站点的形式，液晶显示形式的站点提示具有灵活性，每当站点变更时，运用后台程序的操作便可轻而易举地改变，故在地铁空间设计时应注意智慧服务的灵活性。最后，随着虚拟技术的不断进步，在城市地铁空间的设计之中应以此进行服务上的创新，例如VR地图的空间应用，设计者可通过此技术创造在电子设备中的空间，乘客们通过显示器中的三维实体图像定位想要到达的地点，能够更为清晰地了解地铁空间的构造。

4.2.6 结语

地域文化是一座城市的标志性名片，城市地铁空间则是一个城市文化传播的窗口，故地域文化与城市地铁空间在地域、文化、空间上都有着密不可分的关系。针对天津地区来说，其城市地铁空间深度融合漕运文化、爱国文化、民间艺术等优秀文化，以地域化、艺术化、数字化等形式直接向大众展示天津的地域文化，进一步提升了大众对地域文化的了解，为天津城市地铁提供了良好的文化传播空间。在城市快速发展的今天，天津城市地铁空间与地域文化的融合形式也应随之丰富，以期构建兼具地域内涵、观览氛围及服务意识的城市地铁新空间。

作者：刘婉婷、孙奎利
刘婉婷 天津美术学院硕士研究生
孙奎利 博士，天津美术学院副教授、硕士生导师
（通讯作者）

4.3 符号学视角下城市地铁空间的设计艺术研究
——以天津地铁11号线文化中心站设计为例

【摘要】 当下，城市地铁建设从追求高效空间构筑向注重文化品质提升的方向转变。地铁空间在艺术性与文化性上的设计缺乏相应的理论指导，导致在这一探索过程中，地铁空间内对城市文化的符号化表达产生了诸多问题。本文分析了地铁空间中城市文化构成与提炼的意义，阐述了基于符号学视角下天津地铁空间艺术设计策略，进而通过形态、色彩、材料以及空间界面的设计应用，实现地铁空间文化符号之间和谐统一的艺术氛围。

4.3.1 引言

城市地铁的发展在很大程度上解决了交通拥堵的问题，同时地铁空间亦成为城市公共空间不可或缺的一部分，城市规划对城市地下空间的开发和利用，优化了城市公共空间体系，并提升其活力，推动城市空间向多样性、艺术性及地域性方向发展。地铁空间的设计语言具有符号性，通过空间形态、色彩、材料等多种符号中所承载的城市文化，引发人们产生共鸣，从而传达空间的城市文化内涵。本文从符号学的视角，通过对城市文化符号化的分析与应用，进一步改变天津地铁同质化现象，将城市文化符号整合到地铁空间中，赋予地铁空间城市文化内涵，打造具有不同文化特色的地铁空间。

4.3.2 当今城市地铁空间的设计矛盾

1.符号学视角下城市文化的缺失

时至今日，地铁空间的发展已经从追求城市公共地铁建设的效率向表达城市文化意象的方向转变，设计者开始重视地铁公共空间的艺术性。但在转变的过程中，出现了城市文化符号单一、表达生硬以及空间意境、主题氛围缺失等问题，这些问题是由地铁管理、运营、设计等诸多因素造成的。下面本文着重从地铁空间设计艺术的角度分析该问题的成因。在符号学视角下，造成个别地铁空间中城市文化品质不高的原因主要有以下三点。

①形式美的缺失：有些地铁公共空间普遍采用

格栅吊顶和文化墙的设计手法，这种千篇一律的设计手法只体现了地铁的功能性，缺少能够体现城市文化氛围的形态符号。地铁作为城市客厅，是外地旅客进入城市的第一站，从文化宣传的角度分析，统一制式的形态并不利于人们感受城市氛围、了解城市文化特征。

②色彩美的丢失：地铁公共空间有些采用将中色温灯光与地铁线路色相结合的方法并将其作为主要设计手段，满足地铁公共空间的照度需求，确保空间的安全，同时减少导视系统的阅读障碍，实现空间的高效性。但此做法会导致色彩的单一和文化氛围的缺失，使这种地铁公共空间缺乏城市温度，同时不利于城市文化在地铁公共空间的展现。如果说"形态"是代表城市文化特征的符号，那么"色彩"的作用就是串联所有文化符号，使整体地铁公共空间形成和谐统一的城市文化主题氛围，表达城市文化的空间意境。

③意境美的遗失：城市公共地铁的高速发展容易让地铁设计者的设计思维固化，地铁公共空间文化符号的设计难以突破现有的标准化建设模式，使地铁公共空间的文化符号设计被地铁的功能设计限制。同时设计者对城市文化特征和文化符号的表达缺乏思考和深层的认识。仅对单一地铁空间界面进行文化拼贴，可能会导致呆板生硬的现象出现，地铁空间设计陷入无法传达城市文化内涵的困境中。

2.符号学视角下城市文化的滥用

在特色站点建设的过程中，设计者在进行地铁空间设计时严禁滥用城市文化，造成地铁空间文化符号的无序性。设计者如果在地铁空间盲目堆砌体现城市文化特征的符号，符号缺乏设计艺术的视觉平衡，带给乘客混乱无序的空间感受。例如在形态符号的使用上，同一地铁空间中出现的几何形态，分布相对平均，形态之间比例不协调，抑或是设计者在形态"碎"与"整"的衬托关系上缺乏深入的思考，导致地铁空间在视觉上缺乏主次关系和视觉焦点，甚至出现形态之间相互干扰的情况，城市文化符号缺乏视觉平衡，使地铁公共空间给人以混乱的视觉感受。

4.3.3 符号学导向下的地铁空间设计策略

1.地铁中城市文化符号的意义

（1）打破模式化发展，为设计提供思路

本文认为转变设计思维是提升地铁公共空间设计艺术、解决地铁空间同质化问题的关键。城市文化符号的构建实则是对城市文化的全面解读，是对空间符号的拆分重组与再创作，并不是简单地挪用与拼贴。每座城市都有特定的地域环境和自己独特的发展历程,由此能够总结出城市的"性格"和文化标签。应通过提炼城市文化特征,形成特有的文化符号,并结合设计艺术原理,完善地铁空间文化符号的组织,充分考虑地铁空间设计的场景化意境的表达。从设计艺术的角度分析,城市文化符号的应用应该是多方面、多空间界面的。设计者和地铁管理及运营的相关人员应提高美学素养,尊重美学原理,合理应用设计艺术,在设计艺术原理的框架内,有序组织城市文化符号,实现地铁公共空间的文化性和美观性并存。

(2)在共性中寻找个性,多方面展现城市文化

在整个地铁系统中,站点是地铁线路以及交通网络的重要组成部分。虽然每个站点同属于该地区的交通设施,但其所在的地理位置不尽相同,其穿过的地上空间及周边城市区域都有所区别,同时地铁站点按大小和需求可分为单线站、换乘站、枢纽站三种。不同的地铁站点空间在回应城市文化和城市精神内涵的同时,也要对其地上、地下空间以及城市周边区域的公共空间作出回应,因此要对所在片区的地域特色进行总结与筛选,把与之相符的特色文化应用到地铁空间的艺术设计中,从符号学的角度体现为形态符号、材料符号、色彩符号、灯光符号及公共艺术等城市文化符号的设计,实现地铁空间设计中文化与艺术的多样化展现。

2.地铁中城市文化符号的构成与提炼

(1)视觉符号——形态与色彩

在设计地铁时,形态符号必须与地铁公共空间整体的艺术氛围相契合。城市文化符号的视觉表现和传达的文化信息能够影响乘客的感性判断。地铁站人流量大,流速快,这种特殊环境对城市文化符号的形态和内容产生了决定性的影响。在乘坐地铁时,乘客很难有足够的兴趣或时间去慢慢品味车站内的艺术作品细节。因此,地铁公共空间中城市文化符号的形态设计应该主题鲜明,易于理解,让乘客在快速浏览中留下深刻印象,这样才能将图形所要表达的文化内涵快速传达出来。

每座城市都有其独特的色彩关系,或厚重或明亮,凸显其城市性格。颜色是一种容易被人接受和认知的符号,可以通过改变它的纯度、色相和明度等特性给人带来强有力的视觉冲击。由于地铁空间中色彩符号的明暗、大小、远近、冷暖不同,色彩本身的艺术性和人对其的感知力也会有所不同。所以对色彩符号的使用,能够让人在地铁空间中更好地了解和欣赏周围的环境。在地铁公共空间设计中,利用色彩语言能够产生强烈的视觉冲击力。乘客一进入地铁空间,首先看到的就是代表该城市文化特征的色彩关系,这种色彩关系更能让人沉浸在地铁空间的文化氛围之中。人的视觉对颜色有着特

殊的敏感性，因此地铁公共空间中颜色的使用能够更加直接地传递情感，让乘客更容易对地铁空间产生共鸣。设计者要针对地铁空间所选定的主题，提炼色彩和形态符号，对其进行整合设计，并运用色彩原理组织地铁空间中的城市文化符号，给乘客一个良好的第一视觉印象。

（2）触觉符号——材料

材料是艺术作品的重要组成部分，不同的材料有着不同的质感和特性，有些粗犷厚重，有些轻薄细腻，通过运用不同的材料可以回应不同的城市文化与历史记忆。所以在地铁车站空间设计中，材料的选择至关重要，材料本身的触觉效果和物理属性传达的是整个空间的肌理感，并引发他们的情感反应。这是乘客在进入地铁空间之后产生的第二印象，好的材料能拉近城市文化与人的距离，能够突破时间和空间的界限，让人感受到城市文化脉络的延伸。因此，在选择材料时，应该考虑地铁空间设计的审美需求、题材、表现形式等因素，以便使材料与作品相容，在地铁空间设计的视觉表达基础上，给乘客一个良好的第二触觉印象。

良好的形态和色彩是视觉符号设计的关键，而材料的选择也必须科学合理，既要经济实惠，又要突出美感并能够传递城市文化。然而，由于地铁空间的特殊环境，湿度大、通风性较差，对材料的稳定性和耐久性要求较高，因此在选择材料时存在一定的局限性。在选择建筑材料时，应当综合考虑它们的冲击力、美感、物理学特性等因素，以科学合理的方式选择合适的建筑材料。在当今多样化的年代，建筑材料的使用能有效地体现城市文化。形态、色彩、材料三者的有机结合，可以使地铁车站空间更具情趣和可欣赏性，进而更好地传达城市文化内涵，体现其文化艺术价值。

4.3.4 符号学导向下城市文化符号在天津地铁11号线的设计实践

1.天津地铁11号线发展概况

11号线是一条东西向的铁路线，西起东江道站，东至东丽六经路站，截至2024年，全长12.27千米，共设11座车站，为东丽区提供了便捷的交通服务，是一条重要的出行线路。这条线路途经河西区、河东区、东丽区，可与多条地铁线路换乘。11号线线路文化定位为艺苑风景，目的是突出天津独特的文艺风情。

2.天津地铁11号线文化中心站设计概况

以"历史文化名城""中西合璧""工业之都"作为设计灵感，文化中心站的设计旨在展现天津悠久的历史文化，从中提炼出城市符号，结合11

号线不同站点所处区段的人文历史,运用多种城市文化符号,如形状、颜色、光线、材料等,增强地铁车站的艺术表现力,营造出独特的公共空间氛围。将天津的城市特色和文化中心站所处区段的个性特征融入地铁站的空间设计中,在保证文化、艺术和安全的同时,尽可能采用新技术、新材料和新的表现形式,让地铁站空间充满时代气息。

(1)使用色彩符号营造文化氛围

在色彩符号的表达上,从入站口(图4-11)开始,文化中心站展现出别具一格的城市文化色彩关系,从视觉上将乘客引入带有工业文化气息的空间氛围中。站厅层(图4-12)空间整体采用暖木色加高级灰的配色方案,色彩明度适中、纯度偏低,厚重的色彩一方面能够渲染出浓烈的天津工业气息,另一方面与11号线的标志色蓝色相联系,形成统一的色彩系统。整个空间在满足地铁照明需求的同时用主灯加配灯的形式,使空间氛围更具有层次感。

(2)使用形态符号赋予文化内涵

站厅层墙面上的浮雕(图4-13)是采用铜板、不锈钢板、铝板,通过切割、镂空腐蚀等多种加工手段,多层次穿插而成的。将天津名人与知名建筑等特色内容通过三段式浮雕的形式展现出来。站台层(图4-14)在城市文化符号"形"的表达上,提取了天津小洋楼中梁柱结构和圆形矿灯的形态符号,突出天津中

图4-11 文化中心站入站口概念设计
(图片来源:作者自绘)

图 4-12 文化中心站站厅层概念设计
（图片来源：作者自绘）

图 4-13 文化中心站站厅层公共艺术概念设计
（图片来源：作者自绘）

图 4-14 文化中心站站台层概念设计
（图片来源：作者自绘）

西合璧的文化特色。吊顶的高度差和在棱角上的转折突出欧式吊顶的形态特征。运用上述形态符号可让空间富有城市内涵，给乘客直观的地域文化空间感受。

（3）使用材料符号触碰城市旧忆

入站口（图4-12）在材料符号上运用了混凝土和冲孔铝板以及预制混凝土模块来回应天津的百年工业历史，墙面厚重的混凝土材料是天津百年工业内涵的具象化展现。入站口材料符号配合流光灯带和顶面圆形钟，产生了展现百年工业旧忆的空间叙事感。入站口墙面上设置流光灯带装置，每当有人经过时，灯带可以跟随人前进的动态进行流光，增强空间与人的互动。地铁空间整体的材料符号所承载的城市文化，给人以与旧时的重工业重逢的氛围感。

4.3.5 结语

当前，地铁作为城市空间由传统的交通空间转变为现代的文化空间，成为文化传播的重要载体，迫切需要从设计的角度提出行之有效的指导方案。本文从符号学视角对当下的地铁公共空间艺术设计同质化问题进行分析，针对地铁空间中城市文化符号的提取、整合、应用提出相应的设计策略并结合天津不同区位和级别的站点视情况而加以利用。地铁空间设计应从提高所有工作人员的美学素质和管理能力入手。同时对本文提出的几种设计策略加以利用以促进地铁空间符号化设计的整体提升。为乘客造就良好的乘车体验，将天津城市文化真正融入地铁空间各空间界面符号当中，从而打造展现天津特色文化的地铁公共空间。

作者：刘永颜、赵廼龙、孙奎利

刘永颜 天津美术学院硕士研究生

赵廼龙 天津美术学院教授、硕士生导师

孙奎利 博士，天津美术学院副教授、硕士生导师（通讯作者）

本文于2023年1月发表于《创意设计源》杂志第01期。

4.4 红色文化基因在城市地铁空间中的艺术化表现与传播

【摘要】红色文化是城市发展过程中不可或缺的文化基因，基因中包含了物质、意识、制度的三维内涵。本文通过对红色文化基因进行剖析，进一步挖掘其内在精神、文化、空间三个层面的文化价值和现实意义。与此同时，地铁作为现代城市空间重要的文化载体，在新时代语境下通过艺术化表现的方式将红色文化基因加以设计应用，不仅有助于激发地铁空间的活力，提升城市的文化内涵，而且有利于红色文化基因在现代城市地铁空间的艺术化表现与文化传播的路径探索。

4.4.1 引言

文化代表了一座城市的总体特征，其中红色文化作为文化中的佼佼者具有独特的三维内涵，从物质、意识、制度三个角度展现红色文化。城市地铁空间是大众感知文化的重要平台，从艺术化空间表现的视角着眼，利用文化形式的丰富性、文化内容的可塑性和艺术表现的多样性，探讨红色文化的地铁空间设计与表现。同时立足社会主义新时代语境，致力于挖掘红色文化基因的多变题材、发现红色文化主题的多维诠释、提炼红色文化基因的深度内涵、探索文化融合艺术的创新深度、加大红色文化的传播力度，尝试探索红色文化基因在当代城市地铁空间的表达与传播路径，探寻红色文化地铁空间的多种可能性。

4.4.2 红色文化基因的多维内涵解析

在新时代背景下，红色文化作为一种具有特殊性的文化形态，逐渐显现出其独特的三维内涵，其中在物质维度上，作为文化的内容融聚对文化本身起到承载作用；在意识维度上，作为文化的精神投射，是红色文化的核心部分；在制度维度上，作为红色文化的规范保障，控制红色文化的发展路径。

1.物质维度：红色文化的内容融聚

从宏观物质角度看，红色物质文化既是一种物态的文化遗存，也是一种宝贵的文化资源，其保护、利用和开发具有重要历史意义和时代价值，更像是一种物质内容的融聚。"融聚"可以理解为"融合"

和"汇聚"。"融合"是红色文化由分解到合并的过程，是红色文化价值体现的过程；"汇聚"是在红色文化中提炼的各个分支核心内容的集合过程，是红色文化内容升华的过程。由此可知，红色文化不是一成不变的静态文化，而是内容相互融聚的动态文化。

2.意识维度：红色文化的精神投射

中国的红色文化是中国共产党人及其领导下的无产阶级革命运动在伟大斗争与建设实践中所创造的丰富多彩的物质财富和精神财富的总和，是中华民族精神的鲜明底色。红色文化的核心在于其价值属性，往往以意识形态进行呈现，在红色精神的感召下，增强大众在全球视野下对于红色文化的认同感与归属感。无论弘扬红色文化的方式如何，其目的都是在保护红色物质遗产的同时，加强大众的爱国主义精神和革命情感，弘扬并树立大众坚定的民族精神，对推动民族自豪感和凝聚力有着重要的现实意义。

3.制度维度：红色文化的规范保障

以制度维度为着眼点，红色文化的薪火相传也同样离不开文化规范，以此保障红色文化在物质与意识上的发展路径。制度上的规范和保障是红色文化的红线，经过革命、建设和改革开放历程的红色文化离不开制度的制定，制度也一同见证了红色文化的积淀与孕育过程。制度同样作为红色文化内容的一部分，映射着中华民族所特有的社会主义核心价值观，也是推动建设、管理国家的不竭源泉，作用于当代人的精神力量，落实在社会实践的行动中。

4.4.3　红色文化基因对于中国现代城市的文化价值与现实意义

红色文化传播影响着国人的文化自觉和文化自信。在城市文化遍布城市各个角落的今天，红色文化作为先进文化仿佛逐渐成为大众不可或缺的精神养料，所以红色文化基因对于中国现代城市具有一定的文化价值和现实意义，可以归纳为精神层面、文化层面和空间层面。

1.精神层面：红色文化提升城市文化的内涵

红色文化中流淌着中国人民不屈的红色精神，在党的领导下形成了系统的精神谱系，与城市文明形成相互联结的纽带，为大众指引方向。在中国共产党的百年征途中，精神谱系的内容赋予中国人民文化自信与底气，使大众充分感受老一辈英雄英勇奋战的革命精神，从而提升城市的精神富足感和文化竞争力。红色文化中蕴含的文化内容主要体现为精神层面的滋养，在新时代背景下，精准对应当下的社会主旋律，在物质和精神层面都起到引领作用，是提升城市文化内涵的有效表达方式。可见，剖析红色文化内容是时代为大众指明的道路，是提升城市文化内涵的必要选择。

2. 文化层面：红色文化丰富城市文化的内容

城市文化是极具包容性的，涵盖了多层次、全方面的文化内容，就文化层面而言，城市文化中红色文化的注入无疑是完善了城市文化的内容，是城市精神文明的提升。首先，红色文化作为中国最为重要的文化具有不可撼动的地位，是物质文化与精神文化共同作用的结果，其丰富的内涵和各分支价值的微妙变化造就了文化更新上更多的可能性，在红色文化内核中注入新的活力，将红色文化内容诠释得更为饱满。其次，红色义化作为现今社会大众普遍关注与传播的先进主流文化具有极高的价值。红色文化在党的百年奋斗历程中形成与发展，见证了人民群众的汗水、泪水，满载着人民群众的希望与期待，文化中蕴含的伟大革命精神更是人民群众学习的榜样精神。无论是从文化溯源还是从文化内涵来看都与人民群众息息相关，也是大众在生活中可捕捉到的文化内涵，随之产生紧密的文化反应与文化情感。

3. 空间层面：红色文化构建城市文化的体系

从空间层面上看，红色文化在城市空间中的表达是有层次的，作为主题性空间的文化内容能够适应不同的空间种类。不同的空间类别可以容纳不同主题的红色文化，为红色资源提供展示、宣传、创新的平台，利用空间的多变性构建城市文化的体系，这也是对红色文化基因的再造方式之一。在构建城市文化的过程中，应对红色文化中的符号进行分解，提取出具有文化代表性的基因符号，或单独进行空间应用，或对多个个体文化符号进行重构，形成全新的空间表达方式。由此可见，红色文化的特性不只流淌于时间中，还存在于丰富的空间形态中，以此达到构建城市文化体系的目的。

4.4.4　红色文化在现代城市地铁空间中的艺术化表现

文化的艺术化表现是以视觉感受作为基点，将文化以艺术的多样化手段进行视觉呈现的过程。现代城市地铁空间中的红色文化呈现得益于地铁这一重要的人文空间，具有对文化的承载能力，可将文化以不同的方式在空间中进行表现，其中在现代城市地铁空间中将文化艺术化便是文化表现方式之一。

1. 地铁是现代城市空间重要的文化载体

在新时代背景下，地铁不仅是一座城市重要的交通枢纽，还是具有人文价值的公共空间。它在充当交通工具的同时也充当了交流工具，这种交流包括文化的交流、经济的交流、情感的交流，抑或是视觉艺术上的共鸣。所以，城市地铁空间的属性可大致归纳为功能属性、文化属性和审美属性。

①功能属性。地铁空间明显的特点是承载大众交通的功能属性，主要表现在空间功能的强大性、空间特点的显著性以及空间与人关系的紧密性。首先，在城市地铁空间设计中要考虑的是方便大众出行的功能属性，它主要通过清晰的导视系统、明亮的空间照明以及高效的出入站系统等为大众提供便捷的出行方式。其次，城市地铁空间由于站台的特殊属性造就了其狭长开阔的空间特点，相较其他形式的城市公共空间而言，地铁公共空间的展示形式更加封闭和内向，从叙事结构上更具有线性的序列性和场景化的参与性。例如针对文化叙事的题便可利用地铁狭长的优势讲述文化故事，以此体现文化与空间的连贯性。最后，城市地铁空间中直接的接收者是人，大众以空间为媒介得以有便利的出行方式，同样大众通过对空间视觉、感官、情感的感知了解城市文化魅力。

②文化属性。地铁在承载交通的"实体功能"外，还有着传递文化、汇聚信息等"虚拟功能"。在新时代背景下，文化洪流不断涌入城市的各个角落，单一具有使用功能的地铁空间已经不能满足人们日益增长的文化需要了，因此城市地铁空间也应不断挖掘城市中的先进文化价值。首先，地铁空间是向大众集中展示城市风貌的场所，通过新颖的艺术形式传达文化内涵，描绘高雅的艺术形象、树立鲜活的文化形象。其次，城市地铁空间也同时具有汇聚信息的能力，一种是汇聚交通信息，另一种是汇聚文化信息。汇聚交通信息可以与功能属性相联系，而汇聚文化信息便需要设计者不断地挖掘、提取、再造文化基因，最终通过空间重塑、艺术传达、科技赋能等方式来实现。

③审美属性。艺术作为时代的产物，脱离不了艺术创作者对时代的观察和回应，这也说明艺术与文化是不可割裂的。在城市地铁空间中，无论营造什么主题的城市地铁空间，艺术无疑都渗透进空间中、绽放在文化里。在社会迅速发展的今天，大众的审美能力随之提升，他们对于美和文化的捕捉也日益精准，这是趋势使然，那么对于空间的文化艺术性表达则更应该与时俱进，设计者要承担美育责任，要有向大众传播美的使命感，以美感染人，以文化感动人。

2.以红色基因作为文化主题的城市地铁空间艺术化设计与表现

（1）文化展现——红色文化氛围的简单直白营造

内蒙古地铁1号线呼和浩特东站：为庆祝中国共产党成立100周年，呼和浩特东站作为内蒙古四个红色主题站点的"主站"（图4-15），打造"红色记忆网上展馆"，在大主题下还设置了以革命人物、革命战役、革命事件等为内容的五大分支主题。站点空间以红色灯箱海报为主要宣传形式，大部分海报以红色为底色，画面进行简单的几何图案拼贴并以文字形式表达主题。虽然在形式上较为简单直白，但通过大量传统图文排列的形式形成视觉震撼，以此展现党的百年节庆氛围。由此可见，将文化内容简单直接化是较为有效的文化展现方式。

上海地铁1号线新天地站：在中国共产党成立100周年之际，上海地铁以新天地站为重点红色文化主题车站，从主题角、回顾角、文化角、演艺角出发将红色文化引入城市地铁空间之中。位于1号出口和6号出口之间的主题角（图4-16），以党的诞生地为主题设计了一条红色长廊，结合上海画家洪健的石库门组画进行设计创作，经过设计思考把图片与文字巧妙布局诠释，置于灯箱内进行展示充分展现了红色文化。回顾角位于5号出口处，将中国共产党成立过程中的珍贵资料以墙面展柜的形式呈现，展出的资料与文字相互呼应，串联起从新文化运动掀起的思潮解放到中国共产党成立的光辉历程。文化角则展示了为建党100周年创作的书画作品，将地铁空间作为艺术展示场所拓展了城市地铁的功能属性，在提升大众审美素养的同时使其感受不忘初心、牢记使命的伟大信念。位于换乘通道的演艺角集中展示了多部优秀的红色作品，通过表演的形式表达红色文化，观者在感受艺术创作魅力的同时也对中国共产党的百年征程有了更深刻的认识。上海新天地站通过对其本土红色文化的挖掘，明确红色主题、联系历史文化，以艺术、演艺形式诠释红色文化，由此上海红色文化便鲜活地出现在大众视野。

图4-15　内蒙古地铁1号线呼和浩特东站
（图片来源：https://www.163.com/dy/article/GO4C3EMJ0550V4X0.html）

图4-16　上海地铁1号线新天地站主题角
（图片来源：https://www.thepaper.cn/newsDetail_forward_13047163）

（2）内容呈现——红色文化内容的多维融合塑造

北京地铁4号线圆明园站：圆明园站壁画以地域中举世闻名的圆明园的历史作为创作主题（图4-17），位于地铁车站大厅，是圆明园建筑残柱的缩影。壁画取材于御题《圆明园四十景》的形式与内容，以浮雕的形式具象描绘圆明园建筑特点，雕刻概括且稳重，体现出历史的厚重，其中画面加入圆明园从建园、毁园到烧园的三个历史阶段，并清晰表明历史年号，利用建筑形态、文字符号、画面构图等形式语言与城市地铁空间相结合，形成独特的空间形式感。圆明园站的壁画在色彩上并没有强调红色，只是通过艺术语言结合历史要素碰撞出强烈的红色基因，在有形的艺术表达中再现刻骨铭心的历史印记。

（3）艺术表现——红色文化视觉的技艺元素创造

长沙地铁2号线滦湾镇站：被红色文化主题包裹着的城市地铁空间大多使用传统的艺术方式进行表达，但长沙地铁滦湾镇站打造了一个地铁数字艺术馆（图4-18）。在中国共产党成立100周年之际，数字艺术馆推出了"数字烟花秀"活动。长沙地铁滦湾镇站率先将数字化技术与红色文化相结合，在纵横几何化分布的电子屏幕上带有"100"字样的烟火利用数字影像在地铁空间绽放，烘托节日氛围。其中不仅对文字进行巧妙运用，而且加入了长沙本土具有代表性的地标建筑，建筑图像随着大众的移动进行转换，与其产生了巧妙的互动，使大众在感受中国共产党的百年历程的同时，也可以回忆城市的发展变化。

图4-17 北京地铁4号线圆明园站
（图片来源：http://travel.qunar.com/p-pl5784685）

图4-18 长沙地铁2号线滦湾镇站地铁数字艺术馆
（图片来源：https://www.163.com/dy/article/GDJFM3QM0514EV7Q.html）

4 学术探源：地铁空间艺术与设计研究 / 131

4.4.5　新时代语境下红色文化基因在城市地铁空间中的传播路径

文化的空间传播路径是指在空间中通过多种不同视角传递文化知识、文化观念、文化情感、文化信仰，并以此进行社交活动的方式。在社会主义新时代语境下，人们对文化的需求不断提升，对于文化传播途径的标准也日益严格，所以面对新时代的新面貌，针对红色文化基因的城市地铁空间传播应从多重视角切入。本文从文化基因的题材广度、提炼高度、诠释维度、创新深度以及传播力度五个方面加以阐述。

1. 题材广度：红色文化基因的多变题材

在社会主义新时代的语境下，大众对红色文化基因的理解不再拘泥于单纯的"红色"，因此，将红色文化基因注入城市地铁空间中时，题材选择的视野更为宽阔，其中包括了中国共产党的节庆活动、革命战争期间的英雄故事、红色历史遗址的呈现以及社会主义新时代的文化主旋律等各类主题活动。

①中国共产党的节庆活动主题：国庆是举国欢庆的日子，对于城市地铁空间来说也是主题性文化氛围营造的精准时机。颜色的含义赋予了空间独有的情感与氛围，红色是最为热烈的颜色，象征着中国共产党一路奋进的热烈，象征着劳动人民辛勤付出的热血，也象征着广大年轻人朝气蓬勃的热情。以党的周年节庆作为主题，设计者会充分利用红色进行气氛调动，一方面，通过颜色对地铁空间进行主题性美化，另一方面，以颜色作为导向符号对观者进行视觉和心理的文化引领，从而激起人民群众对祖国最真挚的情感与寄托。

②英雄故事主题：大众今天所享受的富足生活离不开革命英雄为祖国抛头颅洒热血的英勇斗争，所以在红色文化基因下革命英雄故事也是城市地铁空间必要的主题。根据地铁空间位置选择与之相匹配的地域性文化，每座城市的历史沿革不同，地域性文化会形成多种主题，其中革命英雄故事需要设计者对城市历史进行深度挖掘与剖析，捕捉地域间红色革命英雄事迹，以多维度方式设计空间、弘扬革命英雄的精神。

③红色历史遗址的呈现主题：红色文化基因不仅停留于非物质层面，而且展现在物质层面，物质层面中具有影响力的是红色历史遗迹。对红色基因中物质层面的内容进行提取，并以艺术的形式将其置于城市地铁空间之中，以便大众根据地铁空间中红色历史遗址的呈现对红色地域文化有一个大概的了解，起到展现城市地域文化特色的重要作用。

④社会主义新时代的文化主旋律主题：新时代社会的发展是在实时变化的，在社会主旋律的演绎

下也会随之产生新的政策指引,也就是适应当下发展的主流方向。对于大众来说,捕捉社会变化中的时代方向是比较困难的,那么便需要以城市地铁空间作为媒介,对新的时代方向进行提炼和表达,使接收者能够准确接收时代发展的讯号。再者大众作为社会中的一员,有责任对社会发展进行思考,新时代社会的发展需要大众的共同努力,那么设计者可以此为依托,在诠释社会主义新时代文化主旋律的同时激发大众对时代发展的畅想。

2. 提炼高度:红色文化基因的高度提炼

红色文化基因体系庞大且有秩序,在城市空间设计中对红色文化的高度提炼至关重要。城市地铁空间的文化可视化表达对于红色文化来说极为关键,设计者将艺术融入红色文化的过程中应积极思考文化与艺术的可视比重,在确保能够准确并完整地传达红色文化内涵的基础上对其进行艺术化的转译。首先设计者应先对红色文化进行深度挖掘,选取其中一类红色文化作为主题进行诠释,主题的简练使空间主题更为明确,大众可以直观地接收到文化的内核,减少思考的时间。此外设计者应对红色文化抱有敬意,在设计过程中尽量使用大方得体的艺术形式,同时考虑大众接受艺术的程度和接收文化的能力,以此平衡文化与艺术在空间中的比重。

3. 诠释维度:红色文化主题的多维诠释

艺术不同于其他表达语言,它涵盖了冲击的视觉要素、丰富的材料种类、多样的艺术表达等内容,与空间、文化存在非常多融合的可能性,以此形成多维度的空间诠释。对红色文化主题地铁空间的多维诠释主要包括对文化的直接表达、艺术化诠释、公共艺术体验。

(1)直接表达

现今国内地铁空间对红色文化的表达大多以直接表达的方式呈现,主要表现为文字和图片的直接结合,先根据空间主题对文字与图片进行分类,再按照主题类别将图文排列于文化单元内,这种表达方式更贴近于文化栏的效果。这种直接呈现的表达方式更加简洁直观,也提高了红色地铁空间主题的更新效率。

(2)艺术化诠释

随着大众审美能力与需求的不断提升,红色文化主题的地铁空间越来越趋向于利用艺术化的方式诠释文化内涵。艺术通过其丰富的语言打造红色文化的视觉效果,语言包括油画、版画、雕塑、壁画、公共艺术等形式语言,其中在空间中应用较广的是壁画。以壁画的形式装点空间可以追溯到石器时代,那时神秘岩画无一不反映了当时的生活状态，直到今天，面对城市地铁空间中的红色文化，设计者仍沿用壁画语言创造独特的视觉符号。首先壁画具有叙事性，设计者将壁画艺术中的素描与色彩形式语言进行有序融合，线条勾勒红色文化中的具体形象，色彩赋予红色文化独有的艺术魅力，将红色文化脉络梳理成一幅连贯的艺术画卷，向观者讲述红色文化背后的故事。其次现代壁画艺术要求壁画的制作材料要与周围的环境和建筑墙体表面的材料相协调，设计者选择更贴近红色文化内涵的材料进行创作，例如以浮雕的形式表现解放军们英勇向前的身姿，营造气势磅礴的氛围；以马赛克的形式对红色文化进行细致镶嵌，呈现焕然一新的效果。最后壁画形式具有观赏性，它所形成的具象造型更容易被大众接收，红色文化中的信号会无限放大，以直观且带有艺术性的方式呈现给观者，给予观者视觉与心理的双重感受。

（3）公共艺术体验

在新时代背景下，公共艺术等一系列互动体验性的装置逐渐进入城市地铁空间，大众也更关注自身与文化之间的联系，所以在红色主题的地铁空间中加入公共艺术装置也不失为一种可能性。在城市地铁空间中传统艺术表达的互动体验是观者单方面的视觉和心理感受，而公共艺术装置是人自身与艺术的双向表达，是人与红色艺术的相互传达，是人与红色文化的相互感知，此时乘客不再是单一个体，而组成了"1+1等于或大于2"的群体，在一定程度上减少乘客乘车时的乏味感，由此乘客心理得到调节。

4.创新深度：文化融合艺术的科技创新

对比其他主题的城市地铁空间，红色文化主题的地铁空间在文化表达上缺少创新，无论是在艺术形式方面还是在文化想象力方面都相对保守，故在数字化背景下应尝试将科技注入红色文化主题地铁空间。首先，数字科技对大众具有强大的吸引力，在数字新媒体产业迅速发展的过程中，设计者更愿意尝试进行红色文化数字化的转变，通过网上博物馆、革命文物数据库等方式进行数字化呈现，从而扩大红色文化资源的传播和教育对象。其次，地铁空间的作用不只体现在观者单方面的视觉感受上，还体现于在人与文化的双向互动上，利用虚拟技术对红色文化主题性地铁空间进行塑造，打破红色文化的时空界限，使大众可以与红色文化对象进行面对面的交流。最后，地铁智慧运营是科技引入范围较广的方式之一，利用AR导航、云计算等方式节约大众的出行成本，同时也是对空间视觉打造效率的提升。

5.传播力度：红色文化基因的有力传播

红色文化作为我国的文化核心之一应该得到有力的传播，除了利用空间营造外，还可通过丰富的地铁活动对红色文化进行传播。地铁红色活动的举办逐渐成为人们喜闻乐见的文化传播方式，通过扮演红色文化人物、表演红色文化故事、唱响红色之歌等观赏性活动对红色文化进行多感官的表达。在城市地铁空间中搭建小型舞台，根据地铁红色文化主题举办活动，使来往大众充分感受了解红色文化背景，感受红色文化氛围。其中可以尝试打造红色文化专属地铁IP，设计符合大众审美的红色主题形象，形成一系列的地铁"家族形象"，提升城市地铁空间文化的趣味性，同时还可以衍生出丰富的红色文创产品，将大众生活中常见用品与红色文化内容相结合，使红色文化融入大众生活，以此拓展红色文化基因的传播途径，满足全龄段的文化需求，提升地铁空间的红色文化氛围。

4.4.6 结语

本文以红色文化基因作为叙事核心，通过对其精神、文化、空间三个层面的文化挖掘，深入剖析红色文化基因对于当下中国城市的文化价值与现实意义。与此同时，根据对典型性红色文化主题地铁空间的案例分析，总结新时代语境下红色文化基因在城市地铁空间中的艺术表达与传播策略，期望从多角度助力红色文化在城市地铁空间中的艺术化表现与文化传播。

作者：刘婉婷、孙奎利
刘婉婷 天津美术学院硕士研究生
孙奎利 博士，天津美术学院副教授、硕士生导师
（通讯作者）
本文于2023年1月发表于《创意设计源》杂志第01期。

4.5 美育视角下城市地铁空间的艺术应用研究

【摘要】城市地铁空间作为重要的公共空间枢纽，将艺术介入空间中进行应用，既增强了空间的视觉美感，又承担着社会美育的职责。当下中国各大城市正处于城市更新阶段，不能忽略现代地铁作为城市文化空间艺术品位的提升。故通过艺术设计与传播提高大众的审美并引发他们的思考，从而引发情感触动，在艺术属性的加持下发挥地铁空间宝贵的社会美育价值。同时，艺术从业者可以通过艺术介入、人文注入、科技引入等应用策略来激发城市地铁空间的活力。

4.5.1 引言

地铁空间是一个城市文化的名片，更是社会美育的窗口，但快速的城市发展使不同地域的地铁空间设计形式出现高度统一的现象，设计者致力于模式化的整体设计策略，往往容易忽略对城市地域文化内涵和大众审美需求的思考。从艺术视角出发，通过艺术形式的多变性，引发丰富的视觉感受、深度的审美思考和多方面的情感触动，为彰显城市地铁的独特风貌，城市地铁建设者应积极分析现代城市地铁空间现状，不断挖掘城市地域文化特色，致力于以艺术介入、人文注入、科技引入等方式探索城市地铁空间建设的多元设计，激发城市地铁空间的活力。

4.5.2 美育视角下城市地铁空间的艺术应用意义

城市地铁空间设计所包含的美育价值主要通过艺术载体表达，主要体现于空间的艺术表现、大众对空间的审美体会以及大众由空间引发的情感触动。

1. 艺术表现：增强视觉感受

刘易斯·芒福德（Lewis Mumford）说："最初，城市是神灵的家园，而最后城市变成了改造人类的主要场所，人性在这里得以充分发挥。"标准的城市地铁空间往往更注重空间属性中的实用性功能，随着城市文化的不断深入渗透，城市地铁的空间形式既要满足使用属性，还要满足人们的审美需求，通过结合油画、壁画、浮雕、公共艺术等艺术语言，形成多维度的城市文化表达。莫斯科地铁主要采用马赛克艺术语言对空间进行描绘（图4-19），在艺术形式上，莫斯科地铁空间壁画所选取的元素都是其本民族的符号，利用绘画中的构图规律，将民族元素整合在一起，同时利用马赛克材料的多样性，将富有形式感的图案与缤纷料器的质感相互配合，形成具有视觉吸引力的画面。

图4-19 莫斯科地铁
（图片来源：http://travel.qunar.com/p-oi7481901-mosikeditie）

2.审美体会：提升审美价值

艺术构建直接或间接地影响群体的思考体会，从而实现社会美育价值的提升，主要通过表现形式的叙事性、材料和形式的代表性以及设计技术的精密性得以实现。艺术构建对审美启发的直接影响体现于艺术表现形式的叙事性，虽然随着人们审美素养的不断提高，构建空间的形式也不断更迭，但以艺术构建空间进行叙事的方式在今天仍是较为主流的手段。空间中艺术创作材料、形式的体现则间接影响了大众对空间、艺术、文化的思考，通过使用具有代表性、为大众所熟知的材料形式进行空间营造，从材料入手潜移默化地引发大众的共鸣。在城市地铁空间中艺术与技术的结合方式不断地发展，利用技术更新创作方式、完成精密安装，提升艺术审美对大众的吸引力。

3.情感触动：引发情感共鸣

情感是具有强制性和压迫性的人类体验，把消费者的活动、思想、感觉等转移到产品设计之中将会触发用户积极的情感反应。同样，在城市地铁空间中迸发的情感共鸣先是由视觉引起的，艺术介入地铁空间往往连接着视觉与情感。在雅典地铁系统中展示的大多是艺术遗迹（图4-20），除文物藏

图4-20 雅典地铁
（图片来源：http://art.ifeng.com/2020/1224/3512922.shtml）

品外，当地地铁公司会邀约希腊本土艺术家在独立展示区展出大型雕塑艺术作品、装置艺术作品、影像作品等，它们是现代艺术与古代艺术的碰撞与交流，也象征着两代人情感的交融。由此可见，设计师应选取与当地地域文化相契合的题材进行空间设计，运用视觉要素引发乘客对城市地铁空间中传达的审美、文化、思想等产生共鸣。

4.5.3 美育视角下城市地铁空间的艺术应用策略

1.艺术介入：激活城市地铁空间活力

城市地铁空间的活力需要艺术介入进行激活，艺术作为乘客与空间互动的媒介，要注重对艺术内容的选择，所选的内容宜与对应的地铁空间所引申出的社会活动密切相关，立意上要对地铁空间文化进行更深层次的挖掘和表达，同时在形式上也要发挥公共艺术在地铁空间中的互动优势。

（1）思考空间整体的细微差异

城市地铁空间结构形态大致相同，但细究空间形态发现它们还是存在细微的差异，同时站点所在地域不同，文化属性也各不相同。若打造系统且有特色的地铁空间，在设计时既要保证设计的效率，也要有针对性地根据不同的文化打造地铁空间的不同特色。

①设计者要精准捕捉空间在结构上的不同。城市地铁空间的结构并非是单一的，包含矩形结构、单拱形结构、双拱形结构等，对于不同的空间结构，要有不同的设计形式，还要在整体设计的基础上思考各空间的结构特色，利用空间结构上的不同寻求空间的多种可能性，做到和而不同。

②在地铁建设的过程中，需要保障在进行空间设计时结合当地的文化要素，以形成具有典型文化特征的地铁站。设计者应观察体悟市民的生活、洞察社会的文化走向以及时尚潮流的动态，为空间主题提供源源不断的灵感与依据。

③设计者要注重地铁空间的美育属性，坚持实用性与艺术性的平衡。首先，设计者应承担相应的美育责任，艺术呈现出来的形象可以帮助公众观察生活，同时调整公众对生活的态度，建立正确的道德方向。其次，设计者空间设计的表达形式和设计内容应顺应社会发展浪潮，在设计时也应协同思考对大众的影响。最后，设计师应当从大众的视角看待自己的设计，这既是对设计作品细节的校对，也是对大众审美的感知。

（2）发挥公共艺术的互动优势

悠久的文化想要历久弥新，除了保持本有特色之外，还应适应现代社会发展的需求，提升城市地铁空间的互动体验性。随着数字化的不断发展，在地铁空间的应用中"新媒体"技术与传统的媒体宣传方式相互配合，形成地铁整体上的互动体验性。公共艺术装置集体验性、艺术性、互动性于一体，是提升地铁空间活力最有效的方式，苏州地铁5号线的索山桥西站的公共艺术装置《星空》完美地将苏绣针法与数字艺术融合，使大众在感知传统文化的同时与之互动，产生交互体验，是传统非遗文化与公共艺术的创新性融合。

2. 人文注入：塑造城市地铁空间文化

（1）提取城市地域的文化符号

地域文化作为城市的坐标符号应为城市地铁空间注入人文精神，对城市地域文化的提取也逐渐成为空间设计前期的必然准备工作。设计者在设计前夕应首先着眼于城市的历史文脉，其中市民生活是具有烟火气的地铁空间主题。一方面城市地铁系统是市民生活的一部分，其本身便蕴含于主题之中；另一方面提取生活元素注入地铁空间，也代表了市民与地铁的情感纽带连接。其次是对社会发展主旋律的捕捉，好的设计师需要具有洞察社会时代发展的能力，把握社会时代发展的方向，并以此为主题注入城市地铁空间中。在审美概念深入人心的今天，时尚艺术潮流也逐渐成为地铁空间的主题选项之一，设计师应着眼于提取具有大众包容性的时尚元素，以唤醒大众的时尚认知和审美意识。

（2）增强地铁空间的文化可视性

对文化的清晰表达无疑是突出城市地铁空间主题的关键，主要从空间材料选择、文化颜色提取和空间设计中文化主题的比重把握三方面提升地铁空间的文化可视性。

①城市地铁空间的材料选择：在地铁空间材料的选择中，首先应考虑材料的装饰性，材料的装饰性在很大程度上会影响最终的空间效果。材料有着自己的文化属性，对城市中独有的文化器物材料进行提取，其中的材料作为地铁空间设计的元素，使地铁空间中不同的形式美感得以体现，同时也可以彰显地铁空间的地域特色，给予大众更好的感受与体验。

②对地铁文化的颜色提取：从实体的角度出发，颜色依附于地铁空间结构、空间材料、灯光效果等空间要素而存在，以此来实现对地铁空间的美化作用；从虚拟的文化层面出发，颜色是文化特色的重要组成部分，如福建漆画的代表色黑色、贵州竹编技艺的代表色木色等都是城市文化的主题色。地铁空间不同于其他公共空间，在色彩的选择上比普通的空间困难许多，应在不突破用色限制的基础上，避免城市地铁用色的单调性，将文化主题色注入空间中，以此焕发出地铁空间的文化活力。

③地铁空间设计中文化主题的比重把握：文化主题的城市地铁空间中文化元素的比重直接决定了地铁空间文化的可视性。首先，在地铁空间中适合选取大众熟悉的单一文化进行表现，以此缩短大众对地铁空间文化的反应时间。其次，对文化进行造型提取，在地铁空间设计时应确保在视觉形态上能直接感知文化重点，也应注意文化元素在空间视觉上的位置均衡性，使空间、文化、艺术形式三者能得到平衡的表达。

3.科技引入：点亮城市地铁空间创意

（1）智慧出行：方便大众生活

增强现实（AR）技术在交通运输方面具有极大的优势，它可以保证更加安全、有效的运输，还可以降低运输成本、收集详尽的操作数据，经过分析，可以提高出行和运输效率。AR技术将地理信息资源、交通运行信息等进行整合，使这些虚拟信息在现实中得到体现与增强，具有代性表的便是AR地图，AR地图借助地铁交通大数据和导航引擎，将真实的地铁场景与虚拟的导航指引有机结合，给人们带来更直观的实景导航体验。将AR技术引入地铁系统的各个方面实现了智慧出行的目的，并且从视觉上也逐渐从传统的导视系统中脱离出来，同时满足大众的审美需求，方便大众生活。

（2）艺术科技：增加空间艺术体验

伴随着科技尖端技术的不断迭代发展，传统的二维甚至三维的空间艺术表达已经不能完全满足新时代人们的审美与体验需求，所以将科技逐渐引入城市地铁空间设计中。城市地铁中的艺术科技具有双重作用，从视觉感知来说，艺术科技为空间提供了多种的可能性；从行为感知来说，艺术科技不仅带来艺术层面的满足，也给大众的地铁出行提供了便利。里斯本地铁蓝绿线换乘站充分开发了艺术中科技应用的可能性，在整体的设计上采用白色瓷砖镶嵌，为新媒体艺术的加入提供了广阔的空间，利用尖端投影技术，为乘客的出行带来趣味与新体验。里斯本地铁站对模式化的设计形式起到很好的借鉴作用，保留空间单一的材料，利用科学技术手段的多边性对其进行附加，形成全新的空间感知，既满足地铁空间的使用需求，也满足了大众的文化需求与审美需求。

4.5.4 结语

本文以美育为视角、以城市地铁空间为载体、以艺术为方式切入研究，通过对美育视角下城市地铁空间的艺术应用进行研究，发现其视觉、审美、情感等方面的美育价值。以此为基准，提出美育视角下城市地铁空间的艺术应用策略，通过艺术介入、人文注入、科技引入等方式，对空间、艺术、文化等进行充分的思考，期望从多角度重塑城市地铁空间的魅力。

作者：刘婉婷、孙奎利

刘婉婷 天津美术学院硕士研究生

孙奎利 博士，天津美术学院副教授、硕士生导师（通讯作者）

本文于2023年5月发表于《工业设计》杂志第202期。

4.6 艺术介入地铁空间文化建构的多维方式研究
——以天津地铁1号线小白楼站改造为例

【摘要】随着时代的发展，地铁空间经历由单一交通空间向复合文化空间的转变，而艺术的介入是实现这一转变的重要途径。本文通过分析艺术介入地铁空间的文化呈现从装点到设计再到激活的三个发展阶段及其特征，提出通过界面缝合、整体设计、行为参与三种艺术途径建构多维地铁空间文化，并以天津地铁1号线小白楼站的空间改造为例展开案例分析，探索艺术介入下以多维方式建构地铁空间文化的可行路径。

4.6.1 引言

我国地铁建设起步较晚，但发展速度极快。为强化地铁空间的文化属性，我国地铁建设者们汲取各地的成功经验，以艺术为媒介，尝试了装点、设计、激活等多个维度的介入，探寻地铁空间设计的文化语言。

4.6.2 艺术之于地铁空间的文化价值导向

设计空间的形式方法多种多样，但艺术较为特殊。除对美的呈现这一显著的优势外，其独有的敏锐视角及人文关怀对空间文化价值的导向作用更是可贵。

艺术作为时代的产物，脱离不了创作者对时代的观察与回应。当我们纵览艺术的历史，从历史切面来品读特定时期的艺术，就能发现艺术在不经意间记录着社会的变迁：《清明上河图》让我们窥见北宋都城汴河两岸美丽的自然风光和那一时期经济繁荣的盛景；月份牌上的时髦女郎向我们展现20世纪三四十年代的潮流风尚；20世纪七八十年代的宣传画展现出各民族热火朝天进行社会主义建设的时代风貌。以上这些平面艺术作品中呈现的内容，向今人传递着时代的文化信息。

地铁空间内亦有诸多平面内容，如导视、广告等在形式上也具备转化为平面艺术的潜质。若能从艺术的视角出发进行设计，在其中融入具有时代风貌的特征，则可使之在内容上弘扬新时代社会主义文化，在形式上成为展现时代文化风貌的艺术作品。

地铁空间作为人流聚集的场所，就如一面镜子，映出社会众生相。互动艺术在地铁空间中的介入，使个体得以在这面镜子中照见自己，并围绕着时代所抛出的议题，或是针砭时弊，或是出谋划策。艺术从独特的视角介入地铁空间使地铁空间化身为教育场所，可增强群体的主人翁意识，引导社会优良风气的形成。

同时，艺术对文化的表达可突破时空与地域的限制。从新石器时代陶盆上人面鱼纹的图样到陕北农家窗前精妙的剪纸，艺术表达的内容具备跨跃时空、地域的力量。这得益于艺术源头对世人共通情感的关注及最终表达。由此，在艺术的介入下地铁空间可成为文化的中转站，启发群体的创造性思维。

艺术介入地铁空间也应抓住观察角度及表达形式上的优势，挖掘地铁空间的富余价值，映射出更为丰富多面的文化。

4.6.3 艺术介入地铁空间的文化多维呈现形式

艺术介入地铁空间的三个阶段中文化呈现出多维的表达形式。第一阶段艺术先以平面化的形式将文化内容呈现于地铁空间中，对空间进行装点美化。第二阶段依托技术的发展，逐步实现了功能与艺术的接洽，设计师开始对空间进行全面整体的文化要素主题性设计。第三阶段则是随着社会人文情怀的复兴，将乘客视为流动的文化载体。地铁空间的文化表达实现从物理空间至群体心理空间的拓展，以激活空间活力为目的。

1. 艺术装点空间——色彩绘画隐喻化表达

地铁站点通常被划分为"特色站"和"标准站"两类。其中"标准站"以交通功能的实现为目标，在空间样式上单调且模式化。

色彩在空间中的运用赋予空间情绪化的魅力，被视作提升空间氛围的理想形式。西班牙拉斯科洞窟壁画里公牛身上的红棕所呈现的蛮力与张弛，跨越千年光阴仍感染着当代的人，这是文明延续下人类对于色彩及绘画特有的敏锐感知。色彩与绘画在地铁空间中的运用，在提高空间的辨识度的同时，会营造出更为亲人的环境，可谓一举多得。

将色彩与绘画在地铁空间中运用到极致的是斯德哥尔摩地铁。由于特殊的地质构造，斯德哥尔摩很多地铁站都在岩石间开凿建成，在后续的设计中仅用水泥对洞穴进行简单的塑形，尽可能多地保留了原始自然风貌，并且艺术家从艺术的视角提取文化元素、采用大面积绘画的形式对洞穴内部进行装饰。

以其中客流量大的T-centralen站（中央车站）为例，此站点的墙绘为纪念古代雅典奥运会而创作，因此希腊文化中象征和平的橄榄叶被提取作为绘画元素加以运用——蓝色的橄榄叶顺着底部蔓延至洞穴顶部（图4-21）。在色彩上则选取代表希腊的蓝白色涂满整体空间。艺术家不仅在绘画内容上做到了对文化的充分表达。同时，还关注到色彩对乘客心理的影响，即使是不了解绘画象征含义的乘客也能在这片清朗的蓝色及舒展的橄榄叶中收获片刻宁静。

色彩的运用与绘画的装点在斯德哥尔摩地地铁工业化的"肉身"之上注入了文化之魂，使其具有历久弥新的魅力。

2.艺术设计空间——主题空间艺术性营造

艺术设计空间，即以文化为主导，从艺术的视角出发对地铁空间进行顶面、立面、地面一体化的设计。对地铁空间的一体化设计往往依托于特定的主题表达，而空间主题的确定则源于站点周边区域的场域文化。

主题较为鲜明的是建于斯大林时期的莫斯科地铁，它有着"地下博物馆"的美誉。应时任执政者的要求，地铁空间宣扬苏联文化，具有社会主义风格。

莫斯科地铁站的主题有名人、历史事迹以及政治

图4-21 斯德哥尔摩地铁 T-centralen 站墙绘
（图片来源：全景城市 https://www.vrqjcs.com/）

事件。其中，革命广场站以十月革命和苏联红军反法西斯战争这两个政治事件为主题。站点内置有大量与空间主题相洽的雕塑作品：红军战士屈身掩于门后，手中紧握着武器；站岗的哨兵扭头看向后方，眼神警惕。每个面孔都尤为鲜活，此景此情将乘客带回那个激情澎湃的历史年代（图4-22）。

以著名文学家为主题的空间则对作家的气质或情怀进行提炼转化，在空间中加以呈现。以马雅可夫斯基站为例，站点入口空间立有诗人的头像作为空间主题标志物；大厅两侧的拱门上镶入不锈钢，奠定肃穆的空间氛围。穹顶部分是此站点空间艺术性的集中体现：一盏盏灯围成圆形，柔和的黄光从上洒下，照亮庄重的长廊。灯与灯之间嵌有苏联画家杰伊涅卡创作的以共和国军事、体育、工业为主题，歌颂劳动人民的马赛克壁画（图4-23）。地面中

央铺设红色大理石"通道",犹如红毯指引乘客走向诗人内心的殿堂。此站将诗人的爱国情怀融入整体空间中,使乘客在享受艺术与美的同时又收获精神上的教益。

科技发展下材料的拓展以及工程技术的提升可助力空间主题的更充分表达。如意大利那不勒斯地铁Toledo站在沿墙向上直至穹顶处布设大量LED灯实现空间蓝与白的过渡,星星点点的光营造水面波光粼粼的视觉效果,充分表达了"光与水"的主题,使艺术美得以充分呈现(图4-24)。

艺术设计空间,将艺术美感、场地功能进一步融合,文化主题在地铁空间中的表现也愈显深刻。

3.艺术激活空间——社群文化互动性展现

平面艺术的介入使空间呈现一定的文化特征,一体化的主题空间更为深刻地表达文化内涵,而注重参与互动的艺术进入空间,则使乘客在互动中实现从接受主体到表达主体的身份转变,以激活地铁空间的人文活力。

艺术激活空间首先对艺术内容进行选择,艺术的主题宜与对应地铁环境所引申出的社会活动密切相关,是对地铁文化更深层次的挖掘与表达。

中央美术学院在地铁中开展了一项名为"60%"

图 4-22 莫斯科革命广场站的雕塑
(图片来源:去哪儿旅行,https://travel.qunar.com/p-pl4905494)

图 4-23 马雅可夫斯基站
(图片来源:新浪博客,http://blog.sina.com.cn/s/blog_5e67b2e60102e8tv.html)

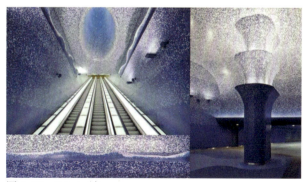

图 4-24 Toledo 站
(图片来源:万维商业空间设计,https://www.onewedesign.cn/mobile/share/524.html)

的公共艺术计划。该计划以大众的广泛参与为出发点，在艺术家提前完成60%的工作后，预留下40%的部分交由社会群体共同参与完成。以共同创作的形式，打破创作者与受众之间的界限，此类艺术作品在社群价值认同上具备先天优势。在北京地铁8号线南锣鼓巷站的文化墙创作中，艺术家先以橙色透明中空盒子拼制一组展现过去胡同里居民生活场景的"胡同日常图"，再向社会征集能代表北京记忆的老物件，经筛选后的物件被内置于组成人像的橙色方格中。至此，该项艺术创作宣告完成（图4-25左图）。私人的物品转化为集体的回忆储存于这面墙上，为此站添加了人文气息。

纽约72街地铁站一幅《完美的陌生人》的艺术作品则以乘客为内容主体。这幅真人尺寸群像长卷作品，定格下30个来往于此站点的人物形象，讲述着众生在地铁中偶遇，在短暂交汇又各自奔赴前方的故事（图4-25右图）。

将普通个体视为地铁文化的重要部分关注、记录时，地铁空间之于社会的意义也突破了冰冷的交通工具而转化为一个更具温情与爱的场所，城市的的开放与包容亦由此彰显。

图4-25　（左）北京地铁8号线南锣鼓巷站艺术墙（图片来源：搜狐 https://www.sohu.com/a/455337760_100146959）和（右）纽约72街地铁站艺术墙（图片来源：搜狐 https://www.sohu.com/a/288285592_453044）

4.6.4 艺术激活地铁文化空间的多维方式

上述回顾了艺术装点空间、艺术设计空间、艺术激活空间三种多维呈现地铁空间文化的手段，以下将对实施艺术激活地铁文化空间的具体途径展开说明。

1. 界面缝合——艺术赋能物理空间

我们谈及地铁空间的文化会自然联想到站点周边区域的相关历史，而对于地铁空间本身衍生出的文化现象少有提及。这源于地铁历史相对较短，本体衍生的文化单薄，难以支撑起在交通轨道线网中众多站点文化表达各不相同的需求。因此选择在地铁空间中投映、呈现站点周边地域的文化是一种合理且实际的思路。

纽约地铁23街站中的马赛克艺术墙就是对地上空间的投映（图4-26）。艺术家追溯23街的历史发现，纽约最早的帽子店开于附近，此外在十八十九世纪这里是著名的文化娱乐区，诸多文化名人如马克·吐温、欧·亨利等都曾驻足此地。艺术家以艺术对这两段历史渊源进行融合表达：用瓷砖画的形式将名人戴过的各款帽子在地铁空间中加以重现，墙面高低不同处大小不同、形式各异的帽子向乘客讲述这一区域的历史文化。

我国成都地铁7号线的金沙博物馆站、北京地铁2号线与5号线交会处的雍和宫站都采取将地上文化结合至地下空间这一形式，以充实站点文化。

界面缝合的形式视地铁空间为地域文化展现的载体，可满足高速建设背景下设计出大量各不相同

图4-26　纽约地铁23街站（图片来源：搜狐 https://www.sohu.com/a/288285592_453044）

的地铁文化空间的需求，是赋予地铁空间整体以文化气息的一种可行途径。

2. 整体设计——功能协同艺术呈现

随着科技的发展，艺术在地铁空间中的作用不断突破功能及技术限制，如今已可对包括材料控制系统、灯具系统在内的六大体系进行整体化的设计，使公共区装修、导向标识、公共艺术品、商业广告与机电及弱电系统完美结合，实现了地铁空间整体形态的风格化融合，强化了乘客对地铁空间所呈现文化的感知度。

在空间主题清晰呈现的基础上，为达到文化题材全景式演绎的目的，需对空间内的可见设施进行艺术化的定制设计，使其在保证原有功能的前提下，在形式上更符合空间的主题设定。

整体设计通过多媒体投影为空间加入更多光影声效，达到强化情景体验的目标。如以海洋为地铁空间主题，除将墙面塑造成起伏的波浪形态外，可布设投影仪向各处投射流动的光，借光影打造海水流淌于整个空间中的意境，为乘客营造被海水包裹其中的情境。

部分灯具可与空间导视相结合，对地铁空间信息起传导的作用。线性光带从地面延长至顶部再转向出口处，乘客跟随着灯光的指引即可抵达出口，以设计实现了从线性导视系统至多维导视系统的转变（图4-27）。

为更好地呈现地铁空间文化主题，设计师可借助于科技手段对地铁空间固有功能的呈现形式进行突破、转化。

3. 行为参与——互动激活心理空间

地铁本体所衍生的文化也随着地铁的运营逐步发展，本体文化多由乘客行为自发形成，不常以物质形态展现，具有流动性、社会性等特征。

宁波地铁1号线的鼓楼站时有悠扬的琴声传出，这缘于此站进站层处摆放的一架公益钢琴，来往的人都可坐上去弹奏一曲（图4-28）。这项名为"公益钢琴"的计划由一位叫莫志蔚的老人发起，老人希望在自己生活的城市街头也能响起美妙的乐声。最终，在多方的协助下，老人的心愿实现了，艺术的美好飘扬在城市各处，甬城街头的钢琴诉说着市民对这座城市的热爱及对艺术与美的向往。

让艺术走向社会，群众的广泛参与可激活城市的文化活力。美美与共，参与性艺术赋予地铁浓厚的人文关怀；大爱无疆，看如今的城市以一种更为开放、自信的姿态包容着所有存在。

图 4-27 （左）多媒体投影运用和（右）灯光导视化设计
（图片来源：地铁设计六纬路站课题组）

图 4-28 宁波地铁鼓楼站的公共钢琴
（图片来源：宁波地铁 http://www.nbmetro.com/news_lead.php?info/363）

4.6.5 天津地铁1号线小白楼站改造概念方案设计

1. 站点背景概述

天津地铁1号线小白楼站周边曾为美国租界，其名源于过去这里有一个外墙涂白的二层酒吧，当地居民视这白色小楼为标志，统称这一地区为"小白楼"，久而久之，这一称呼便流传了下来。

如今的小白楼地区已成为天津的中央商务区，但"洋气"依旧。高耸的写字楼取代精致亲切的沿街小商铺拔地而起；典雅的天津音乐厅联动周边的洋楼拉响着旧时代的韵律，犹太会堂、潘复故居，汇集四方来客的旧时情怀。

小白楼站所在的1号线是天津地铁最早建成的一条线，其空间呈现早年所建地铁的典型风貌：昏暗的灯光衬着低矮狭小的通行空间；吊顶处的通风口粗糙裸露，盛夏一到较为闷热。相较于如今新建地铁空间注重一站一景的形式展现文化特质，小白楼站空间是时代造就下功能诉求的直白表达，缺乏文化展现（图4-29）。

图 4-29 天津地铁小白楼站现状
（图片来源：作者自摄）

2. 小白楼站文化建构的艺术设计策略

（1）转文为色——墙绘传递文化，色彩协调空间

天津地铁1号线的标志色为红色，但考虑到1号线内未设空调的现状，空间中大面积的红色会加重视觉上的闷热。因此需对红色出现的面积及形式进行考量。

因此本次小白楼的改造中将会选取更为柔和的暖色以协调整体空间，同时采用墙绘的艺术形式将此站界面以上区域的历史文化进行意象再现，以营造整体"洋味儿"氛围。

（2）化繁为简——取历史精华，造当代洋风空间

小白楼站人流量较大，为避免乘客长久滞留，进站层的改造首先考虑乘客快速通行的需求。对于售票处、候车层此类具有服务性质的空间，则复合文化空间于其中。

小白楼站周边地域文化可概括为"万国博览，建筑艺术荟萃"，由此在地下空间的改造中可将洋楼中具有代表性的元素化繁为简，对地铁空间内原有的部件进行替换，打造洋风地铁空间。

（3）由实渐虚——从文化形态物质化呈现到行为引导

根据环境行为场景理论，地铁空间所呈现的物质形态的文化内容可潜移默化地影响乘客行为模式。将小白楼站作为文化传播的中转站，在候车层的空间营造欧洲书店的场景，使文化从有形的物质形态转变为无形的空间气质。

（4）从广及微——导视系统风格化统一

考虑到地铁后续运营中广告、指示牌可能会对整体空间氛围造成破坏，遂提出，地铁空间设计应周全考虑到运营使用阶段。

艺术对于空间的一体化整合应将可能融入每处的细节，对于小白楼站的导视系统及广告牌除信息的有效传达外也将进行风格化设计，采用文化可视化的导视设计方法，使导视系统在实现与空间氛围相洽的同时更为直观地传递文化内涵。

3. 基于艺术介入的小白楼地铁站空间设计

本着合理利用、安全适用的原则，本次对天津地铁1号线小白楼站的空间改造通过将地下空间与地上空间进行缝合的形式来呈现小白楼站的地域性文化特征。以下是站点空间的具体改造内容。

（1）洋风元素融入，照明艺术化提升

小白楼光线昏暗、层高低矮，整体空间氛围狭隘封闭，此外顶部吊顶亦存在老旧脱落现象，对场地整体的秩序感造成破坏。对此，首先是更换吊顶，新吊顶中配有嵌入式灯箱，以增强场地整体照明。为营造文化氛围，进站层顶部灯箱装饰设计有两种形式，形式一的纹样取形于藤蔓植物，展现19世纪工艺美术运动中常见的自然、有机的线条风

格；形式二的灯箱表面以欧洲教堂中常见的彩色玻璃装饰，浓烈且丰富的色彩可为密闭呆板的地下空间带来些许活力，强化整体空间的西式氛围。

（2）"白色生日蛋糕"客服中心的改造

客服中心是地铁空间里重要的服务性设施，需考虑到醒目的视觉效果以及对文化氛围的融入要求。选取西点店里一块等待出售的白色生日蛋糕为形态来源，引发过往人群对于甜蜜生活的期许，纯白的墙体以及淡黄的玻璃亦具有高辨识度（图4-30）。

（3）墙绘丰富地铁空间，市花月季传递天津文化

墙绘的艺术形式被用于对墙面的改造当中，其丰富的色彩提升了空间在视觉上的丰富性，内容上选择以天津的市花"月季"为表现主题，大画幅的花卉将无形中强化乘客对于此站的记忆，同时也符合小白楼地区浪漫的文化气质，画面背景的彩色网格则从形式上与顶部彩色玻璃相呼应（图4-31）。

图4-31 小白楼站订制墙绘
（图片来源：小白楼站课题组）

（4）"花与爱丽丝"楼梯口公共艺术装置设计

负一层下至负二层的楼梯空间，则置入一件以金属编织工艺创作的名为"花与爱丽丝"的公共艺术装置。"牵牛花"被置于不同的高度，贯穿整个天井空间，对乘客上下行起引导作用。牵牛花向阳生长的精神寓意亦为地铁空间增添几分活力。

（5）候车层文化氛围提升

针对负二层的候车空间设计则考虑到乘客在此处将会有短暂的停留，具备在其中置入复合性文化场所的条件。又出于停留时间、社群行为偏好等现实性因素的考量，小白楼站负二层候车空间的改造目标是营造一个更适宜于阅读及社交活动的空间。为呈现小白楼地区的近代历史风貌，空间的整体仍以工艺美术风格为基调，将部分地面老旧的地砖替换成明亮且对比强烈的彩色花砖，同时充分利用扶

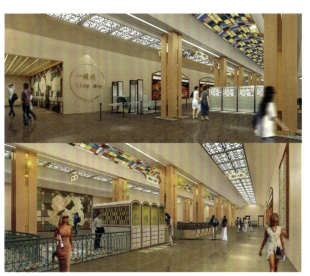

图4-30 小白楼站改造后
（图片来源：作者自摄）

4 学术探源：地铁空间艺术与设计研究 / 151

梯背面的白墙，将其改造为由彩色玻璃拼合而成的背景墙，再置入一些极具年代风格的装饰配件，如斗柜、垫子、地球仪（图4-32）。

（6）导视系统风格化更新

为实现整体风格统一，选择对广告窗及导视标牌进行再设计。广告栏设计的形象来源为欧式半圆窗，具体由两部分组成，下半部分张贴广告的区域将棕色细木条进行网格状排列，以强化整体形态，上半部分的圆弧部分则是蓝天白云的外景墙绘——几朵柔软的白云轻浮于湛蓝的天空之上，这是艺术投射于地下空间的遐想。

导视系统的外框运用铁艺及彩色玻璃两种材料，铁艺线条模拟植物生长的形态，向内将导视标牌缠绕包裹其中；彩色玻璃的局部点缀如藤蔓间盛开的花朵。导视平面内容在不引发信息歧义的基础上植入复古元素，如更具风格及文化意义的月季花取代地图上表示站点的圆点，图名"天津地铁1号线线路图"则以经幡的外框进行装饰（图4-33）。

图 4-33 导视系统设计
（图片来源：地铁小白楼站课题组）

图 4-32 （上）楼梯口公共艺术和（下）候车空间
（图片来源：作者自摄）

4.6.6 结语

地铁内部空间则彰显出城市的气质与文化，是地铁系统建设的重要因素。自2021年起，国家对我国城市地铁规划提出了创新驱动、转型发展、品质提升的新要求。各地区可承艺术为媒，趋时代之新，在地铁建设中注重强化空间的文化属性，着力于打造特色化的地铁空间，形成地铁文化品牌，助力城市发展。

作者：姚家琳、孙奎利

姚家琳 天津美术学院硕士研究生

孙奎利 博士，天津美术学院副教授、硕士生导师（通讯作者）

本文于2022年6月发表于《创意设计源》杂志第03期。

4.7 马赛克镶嵌壁画在城市地铁空间中的艺术应用研究
——以北京地铁19号线为例

【摘要】在北京城市地铁空间中,马赛克镶嵌壁画逐渐成为提升空间品质的主要形式,起到突出地铁空间文化主题和艺术审美的作用。本文从艺术、空间、实用三个层面解读马赛克镶嵌艺术与城市地铁空间的关系,再以此为基础,进一步对北京城市地铁空间中马赛克镶嵌壁画的应用案例进行深度剖析,发现北京地铁19号线中马赛克镶嵌壁画形态的视觉性、色彩的丰富性以及设计的细节性。与此同时,立足于新时代的新审美语境,探寻城市地铁空间中马赛克镶嵌壁画的物象形态创新、技法融合创新、色彩应用创新、材料结合创新,从多角度探索马赛克镶嵌壁画在城市地铁空间中的应用提升策略,以此激发城市地铁空间的活力。

4.7.1 引言

马赛克镶嵌艺术作为极具工艺性的艺术方式被广泛应用于当下的城市地铁空间,通过马赛克料器的有序排列能够充分满足城市地铁空间的主题表达需求,进而为城市地铁空间带来浓厚的文化气息与很高的艺术价值。马赛克镶嵌艺术对于艺术文化的转化性高、在空间中的灵活性强且其料器具有一定的安全性,与城市地铁空间艺术提升需求的匹配度极高。在北京地铁19号线中便可见丰富的马赛克镶嵌壁画的艺术应用案例,充分结合民族、民俗、城市等文化内涵,从视觉、色彩、设计等方面入手,将马赛克镶嵌艺术融入城市地铁空间中,形成视觉、色彩、细节等多方面的亮点。最后,随着大众对文化的了解深入、对审美的需求增加,马赛克镶嵌艺术的应用也应随之创新,从而进一步点亮城市地铁空间。

4.7.2 马赛克镶嵌艺术与城市地铁空间的关系解读

1.艺术深度:对艺术文化的转化性

马赛克艺术能够将艺术与人们的生活进行融合,而艺术也不局限于以往的艺术作品中,马赛克艺术的应用直接转变了艺术只为少数人服务的尴尬局面。马赛克作为一种极具个性的装饰材料,对物象的表达能力强,以本身丰富绚丽的色彩、灵活的构图形式以及独特的质感拼贴出别具一格的画面,并对本地的艺术与文化进行创新性转化。首先,随着现代科技的不断发展,马赛克的材料多种多样,颜色也更丰富多彩,可选择面也就越来越广,大致分为玻璃、石材、金属、陶瓷、贝壳等。其次,马赛克料器可裁剪的形状极为丰富,不同裁剪形状的料器相互组合能够形成极为丰富的物象形态,针对艺术文化衍生出的物象形态能够充分通过马赛克镶嵌语言进行转化,马赛克语言形式以其反复强调的手段强化了艺术家的观念表达,也由此更多地出现在当代艺术创作中。最后,在大面积的色块中,不同的马赛克料器组合拼接所形成的视觉效果也各不相同,其中相同材料的马赛克由于天然形成的原因,呈现出不同的颜色效果与细节纹理;不同材料的马赛克,由于材料本身成分的不同,其通透性、纹理等也存在差异,在整体的视觉感知下寻求细微的差别,这是自然馈赠的结果。

2.空间维度:在地铁空间的灵活性

马赛克料器的厚度薄,其自身占用的空间较小,将其运用在空间界面上拥有一定的优势,可以说其在空间界面上的应用是比较成熟的。在狭长的地铁进出站空间中,以最节省空间的艺术形式装点空间、表达文化是贴切的,从而形成既美观又具文化魅力且兼顾安全性的艺术应用形式。常见的马赛克镶嵌艺术作品大多为二维平面内的作品,常以壁画的形式呈现,且马赛克镶嵌壁画的尺寸不受创作材料的限制,画幅可大可小。在提升城市地铁空间品质时,应为进出站、上下车的行人预留出足够的通道,此时考虑在地铁空间中加入小体量的艺术设计作品,其中马赛克镶嵌壁画是很合适的选择。马赛克镶嵌语言除了可以应用于二维平面创作,还可应用于三维创作之中。裁剪后的马赛克大小不一,不同形状的料器组合在一起可以连接成不同形态的面,例如三角形与四边形的料器排列穿插将形成相对圆滑的曲面。由此可见,马赛克镶嵌艺术在地铁空间中不仅可应用于二维平面上,还可以应用于三维空间中,形成立体的视觉效果,具有一定的灵活性。

3.实用角度:在实体料器的安全性

在城市地铁空间的设计建设中,马赛克镶嵌材料可以被看作建筑材料,其材料特性赋予它可以附着于建筑之上,具有很高的实用性。常见的马赛克镶嵌材料大多为天然石材,且规格较小的马赛克材料在拼接时会形成更多不规则的缝隙,这便给予其木质地板、瓷砖等不可比拟的耐磨性,这也使马赛克镶嵌艺术作品经过千百年的洗礼也能保存完整。其次，在绿色双碳背景下的今天，城市地铁空间的设计提升也更加注重环保材料的使用，由于马赛克镶嵌材料的纯天然性，其在加工过程中无须加入其他化学成分，具有相当的环保特性。最后，在城市地铁空间这一地下半封闭空间中，经过高温烧制的马赛克镶嵌材料具有防火防潮、冷热稳定性强的优势，高温情况下不变形、低温情况下不龟裂，进一步提高了城市地铁空间的安全性。

4.7.3 马赛克镶嵌壁画在北京城市地铁空间中的应用案例剖析

1.民族韵味——牛街站

牛街站空间设计中突出"荟萃京华"的总体设计概念，站厅的马赛克镶嵌壁画《创造·收获·欢乐》展示了各民族风貌，为车站增添了京城古韵。作品以写实的形式绘制了20多个民族的70多个人物及近百只飞鸟走兽，画面以对称式的构图形式展开，中部描绘了各民族人民载歌载舞的场景，向左右展开来可见各民族生活、节庆等方面的习俗，细腻而娴雅的笔触中洋溢着东方民族的情感。从人物形象刻画上看，作品中刻意将人物形象平面化，其中尤其注意不同民族人物之间静态与动态的差异，由此形成画面总体布局的丰满性。从马赛克镶嵌技法看，作品背景部分采取较为随机的拼接方式，反观具体物象形态部分，其中服饰部分是沿其轮廓进行排列的，而头发及皮肤部分则是根据其生长纹理进行排列的，故人物形象从视觉上更为生动形象。作品似乎有着传统古希腊壁画的身影，将现代与传统相结合，中西融汇，体现出极大的包容性，在展现材料与创作技艺的同时蕴含中华文化精神与智慧。

2.古都印记——景风门站

景风门站因所在区域为金中都景风门遗址所在地而得名，站点的两幅马赛克镶嵌壁画采用旧时金中都景风门，并加入右安门古都风貌，传统的风筝造型与现代的纸飞机造型交相辉映，将古时马赛克镶嵌技法与现代艺术相结合，给人以时光穿梭之感。

首先右侧的马赛克镶嵌壁画描绘北京的春天风景（图4-34），以风筝为引，充分展现了绿植随风摆动的场景，蕴含独特的老北京韵味。在画面构成上，充分运用倾斜的线性元素，背景部分则采用大面积色块的形式，同时以鸟、鸟笼及风筝元素作为点性元素，真正将点、线、面元素完美结合。在色彩应用上，画面的绿植部分运用不同明度、不同纯度、不同冷暖倾向的绿色进行描绘，即使是大面积的绿色也不会索然无味，同时穿插加入暖黄色与熟褐色，形成微妙的冷暖色彩对比，进一步提升画面色彩的丰富度。在材料创新上，鸟的形态运用浮雕的表现形式，由陶瓷烧制而成，与马赛克镶嵌材料形成鲜明的对比，富有一定的创新性。

左侧的马赛克镶嵌壁画则以明清都城与现代建筑为创作题材，古今相互映衬，充分展现由古至今北京城的发展与变化（图4-35）。首先，对建筑的表达形式十分多样，画面靠前的古建筑整体采用金色综合材料的形式，与其后方较为密集的现代建筑形成反差，同时运用线条勾勒出古代城楼的形象，更具整体性。其次，画面色彩的对比十分强烈，形成鲜明的蓝、黄对比，晕染出鲜明的天空与光的界限。此外，画面中的鸽子形象、植物形象与右侧的马赛克镶嵌作品相呼应，形成同一空间序列的串联，为城市地铁空间增添活力。

3.城市现代——北太平庄站

北太平庄站与城建大厦相邻，故在站厅中设置了以地铁建设发展历程为主题的大型镶嵌壁画《提速时代》（图4-36），作品紧紧把握社会需求，尊重大众的审美。《提速时代》以地铁列车与隧道为原型进行创作，并加入古老车票、轨道、城市立交桥等元素，以此展现轨道建设者为北京轨道建设不断艰苦奋进、砥砺前行的精神。从画面构成的角度看，作品摒弃大部分的细节描绘，以点、线、面三大要素构成画面，画面多用线性元素，线性形态与

图4-34　北京地铁19号线景风门站马赛克镶嵌作品
（图片来源：作者自摄）

图4-35　北京地铁19号线景风门站马赛克镶嵌作品
（图片来源：作者自摄）

图4-36　北京地铁19号线北太平庄站马赛克镶嵌作品《提速时代》
（图片来源：作者自摄）

4　学术探源：地铁空间艺术与设计研究　/　157

地铁列车形态相吻合，充分展现出列车行驶时的速度感，同时穿插大面积的色块与点，最终构成均衡的画面效果。画面采用透叠、变形、重构等创作手法，从视觉上保留现实空间的真实性，以此为基础对物象形态进行变形处理，在充分展示北京地铁的发展历程的同时又充满艺术气韵。在镶嵌技法上，作品《提速时代》由大块天然石材拼接而成，在整体的色块中没有拼接痕迹，每块石材都经过精确的计算，此种技法形式使画面大气磅礴，与地铁建设发展历程主题更为贴近。

4. 童真趣味——新发地站

新发地站位于北京著名的蔬菜水果批发中心，站厅层的马赛克镶嵌壁画作品也极其贴近果蔬主题（图4-37），形成充满童真趣味的城市地铁空间。从创作构图的角度看，作品以充满童趣的水果、蔬菜、云彩、音符等作为创作元素，各个元素打破时空的界限，有的果蔬摆在餐桌上，有的则飞上了天空，画面以云彩的形态为线索，其他的物象形态则随云彩的动向分布，同时画面由远及近层次分明，具有流线纵深感。从色彩的角度看，作品大多采用蓝、绿、黄作为主色调，大部分采用纯度较高的颜色对物象进行描绘，且画面中运用对比色进行表达，形成强烈的视觉效果。其中靠前的物象颜色比靠后的物象颜色更明亮鲜艳，以此画面层次因颜色

图 4-37　北京地铁 19 号新发地站马赛克镶嵌作品
（图片来源：作者自摄）

的合理运用而更加和谐，从视觉上给人以舒适、愉悦的感受。从马赛克镶嵌技法上看，画面中各物象的边缘轮廓是由马赛克按其轮廓有序排列的，但画面其他部分则采取较为随机的拼接方式，四边形与三角形的相互穿插形成了许多弧形的纹理，使物象更具立体感，此种方法将颜色渐变处也衔接得更自然。从创新性的角度看，该站点的马赛克镶嵌作品不仅仅存在于同一平面，在通道处将马赛克镶嵌技法用于立体造型（图4-38），以西瓜为创作元素，将其与门巧妙的结合，红色"瓜瓤"挖出一个门的造型，在产生强烈视觉冲击力的同时，也传递了十足的童真趣味。

图 4-38 北京地铁 19 号线新发地站马赛克镶嵌技法的立体造型应用
（图片来源：作者自摄）

4.7.4 马赛克镶嵌壁画在北京城市地铁空间中的应用策略总结

1.形态的视觉性：由主及次的视觉效果

北京地铁19号线中的马赛克镶嵌壁画作品面向的是大众，所以作品大多以具象的物象形态刻画为主，具有强烈的由主及次的视觉效果。在城市地铁空间中，因壁画所占的空间较大，故营造画面的视觉中心尤为重要，这便涉及"势"的营造。"势"可以被理解为画面的气势，也就是作品画面的表达。画面的气势首先源于画面的主体形态，其次源于作品的材料，从造型、色彩、细节上都应突出主体的物象形态，再加上马赛克镶嵌材料的视觉丰富性，由此便营造出良好的画面气势。"势"也代表了画面的走势，对镶嵌壁画来说，作品主体的边缘形态和背景的走向将确定画面的整体结构走向，此时画面构图在其中产生极为重要的作用，尤其是点、线、面的相互结合，其中"线"的运用带动了观者的目光，甚至拓展了空间的广度，以此形成由主及次的视觉效果。

2.色彩的丰富性：由强及弱的色彩变换

在城市地铁空间中，艺术作品的色彩丰富性无疑为其带来独特的艺术氛围。北京地铁空间的马赛克镶嵌壁画充分运用色彩色相、冷暖、明度之间的对比，以此种形式突出画面、空间的视觉中心，从而吸引大众，使其更直接地感受艺术与文化的魅力。首先，画面中色彩色相之间的对比是较为直观的，简单来说便是多种颜色相互衬托所形成的丰富性，不同的颜色传递给不同的人，其感受也是不同的，故无论从视觉、情感、理解感受上都是丰富且多变的。其次，画面中色彩间的多重变换更离不开明度与纯度的作用，明度是决定颜色深浅的关键因素，纯度则是色彩饱和度高低的评判标准，二者均影响着画面主次的区分、视觉强弱的效果。最后，马赛克料器色与色的过渡及运用是非常精彩与宽泛的，所以马赛克对创作者的整合能力有着极高的要求，包括色调的搭配、裁剪马赛克的形式，例如色彩冷与暖的变换是微弱的，却在艺术创作的视觉效果中起到重要的作用，画面也因此更和谐。

3.设计的细节性：由整及微的细节表现

北京地铁19号线马赛克镶嵌艺术的成功应用离不开创作过程中对细节的把握，刻画形态以贴合主题、区分材料以突出差异、变换技法以区分主次，使画面由整及微都充斥着细节表现。城市地铁空间中马赛克镶嵌壁画的细节体现于主体形态的刻画，主体形象不仅是画面的视觉中心，还代表了壁画所体现的文化主题，是向大众传递文化信息的出口。现代流行的马赛克装饰，它的材料似乎是向更加多样化的方向发展。马赛克镶嵌材料与其他材料的差异也是画面细节的主要体现，马赛克镶嵌材料本身便呈现出与众不同的材料细节，其他材料的加入使画面呈现出不同质感，而质感的相异也是细节表现的重要一环。传统马赛克艺术常用于装饰领域，是一种利用各种颜色的小块材料排列组合成各种图案的装饰艺术，可见马赛克镶嵌艺术具有艺术性的部分便是其镶嵌技法的特殊性，从技法的角度区分画面的主次也是北京地铁19号线马赛克镶嵌壁画具有特色的地方。

4.7.5 马赛克镶嵌壁画在城市地铁空间中的应用提升

1.物象形态创新

在城市地铁空间中，马赛克镶嵌壁画常位于人流量较多的站厅层，是传达城市文化内涵重要的窗口，因此物象形态如何创新将成为设计者重点关注的话题。首先在画面物象形态的选择上应更贴近城市地铁空间的文化主题，且应具有中国传统文化底蕴与艺术风采，以更具艺术化的形式讲述中国独特的文化背景和艺术语言。此外，大众是马赛克镶嵌壁画的欣赏者，也是艺术文化的接收者，故设计者也应更多地站在大众的角度进行艺术创作思考。其中重要的是，设计者应思考物象形态写实性的度的平衡，也就是艺术与通俗的平衡。画面呈现的主要物象形态应兼具艺术性与通俗性，画面的艺术性有助于社会美育，通俗性则有助于大众迅速接收艺术文化讯息，从而形成艺术与文化的双向价值。

2.技法融合创新

城市地铁空间中马赛克镶嵌壁画的技法融合创新是一幅作品艺术性的直接体现，艺术的表现技法不是固定不变的，它本身是随着艺术工具材料的改进、艺术观念和审美意识的更新，以及各种艺术风格的涌现而不断创新和演进的。首先，马赛克料器沿物象形纹理的拼贴方式是最为常见的，在不考虑物体形状的情况下，能够根据物体的表面来调整块面之间的关系，使之能够随图形装饰，且马赛克镶嵌的纹理走向具有空间纵深感，设计者在构建具有空间感的画面时可以采取此种方法，形成一定的视觉透视关系。同时，马赛克料器的随机排列组合常应用于画面大面积的色块之中，此种方法将会形成随机形态的纹理，因此更具整体性，从而拉开画面的前后层次。此外，大块石材镶嵌形式的马赛克镶嵌壁画未尝不是一种技法创新形式，这需要设计者对画面物象形态有精准把握，同时安装工人也需要拥有丰富的施工经验。最后，上述技法相互融合的形式也顺应了当下大众的审美需求，不同技法融合的画面也更贴合现代化的城市地铁空间，为其增添新的魅力。

3.色彩应用创新

在城市地铁空间的马赛克镶嵌壁画中，色彩是画面视觉要素中重要的一项，色彩将是观赏者的第一感受要素。随着大众对文化感知力的增强，色彩中所蕴含的文化属性也应随之被挖掘，这将是从视觉到情感的感知过程，有助于大众全身心感受艺术、体会城市文化。在人文历史主题的城市地铁空间中，设计者应着重运用纯度及明度较低的色彩进行创作，以此渲染古朴且富有韵味的空间；在现代化主题的城市地铁空间，则应着重运用纯度及明度较高且对比较为强烈的色彩，突出视觉中心，营造更为年轻、时尚、充满趣味的城市地铁空间。在此基础上，马赛克镶嵌材料再进一步发挥自身特性，使用单一色彩中和相邻色彩，从而构建马赛克镶嵌壁画和谐统一的色彩体系。

4.材料结合创新

虽然马赛克镶嵌料器本身拥有独特的质感，但从宏观上看，大面积的细小料器拼接也逐渐显现出一定的单一性，所以城市地铁空间中的马赛克镶嵌壁画需要与其他材料结合。在壁画设计中将它们合理运用，使人们可以更加全面地欣赏到材料带给壁画的美感，是当代壁画的一个重要发展方向。不同材料给人的感受也不同，例如玻璃材料的通透特性，给人以时尚感；铸铜材料的古朴光泽，给人以深沉大气之感；陶瓷釉面材料的温润质朴，给人以优雅的闲适之感，多种材料相结合的丰富性不言而喻。在艺术审美逐渐走进生活的今天，设计者也应肩负起社会美育的责任，在尊重传统材料的同时，探索各材料结合的可能性，营造多彩的城市地铁空间。

4.7.6 结语

在当下的城市地铁空间中,为更好地传递城市文化讯息,将艺术与城市地铁空间充分结合,其中马赛克镶嵌艺术无论从艺术、空间还是实用层面来说都与城市地铁空间关系密切,逐渐成为艺术应用的主要形式。在北京地铁19号线,马赛克镶嵌艺术运用得极为广泛,兼具民族韵味、古都情怀、城市缩影及童真趣味,形成由强渐弱的视觉效果、色彩变换与细节表现,为马赛克镶嵌艺术在城市地铁空间中的运用起到范本作用。在城市快速发展的今天,马赛克镶嵌艺术在城市地铁空间中的应用策略也应得到提升,从物象、技法、色彩、材料等方面进行创新,以期构建兼具艺术性与文化性的城市地铁空间。

作者:刘婉婷、孙奎利

刘婉婷 天津美术学院硕士研究生

孙奎利 博士,天津美术学院副教授、硕士生导师

(通讯作者)

4.8 TOD模式下地铁站与商业空间的耦合设计探究
——以天津地铁3、5号线为例

【摘要】当代城市的发展使地铁不再是单纯的交通工具,而是城市经济发展的重要推动力。依托地铁站衍生的商业空间,优化了城市的商业结构,激发了城市商圈的活力。本文从TOD的视角,探究地铁站与商业空间的耦合设计,以提高地铁站域的交通可达性、便捷性,满足用户需求。以天津地铁3、5号线为例,调研分析了不同类型的地铁站与商业空间的空间结构、交通流线、匹配度等特点,评价了天津地铁站与商业空间的匹配度,提出了基于整体性、步行可达性、多样性和特色性原则的设计策略,旨在构建完整有序、可识别性高和多元化的地下商业空间,希望能为我国地铁站空间开发提供有益参考。

4.8.1 TOD模式下地铁站与商业空间的耦合探究

1. TOD模式概述

"TOD模式"是一种以公共交通为主导的城市发展模式。它通过在公共交通站点周围规划建设商业、办公、住宅、休闲等空间,提高交通可达性和整体城市活力。TOD模式所围绕的核心是公共交通站点,因此在规划和设计时需要着重考虑站点的位置、规模和服务范围等。除此之外,TOD模式还需要考虑周边环境和社区特色等因素,以确保开发出高品质的区域。

TOD模式的设计原则包括:整体性原则、步行可行性原则、特色性原则和多样性原则。整体性原则要求规划和设计考虑整个城市的发展需要;步行可行性原则要求规划和设计要考虑步行者的需求;特色性原则要求规划和设计要考虑周边环境和社区特色;多样性原则要求规划和设计要考虑不同人群的需求。

综上所述,在城市发展的规划和设计中灵活运用TOD模式:考虑站点位置、规模和服务范围等要素,遵循整体性原则、步行可行性原则、特色性原则和多样性原则,可以提高交通可达性和城市活力,满足社会需求及经济需求。

2.TOD模式与地铁站、商业空间的耦合关系

为什么在地铁站与商业空间的耦合设计中运用TOD模式？在TOD模式中，公共交通站点是核心，它对周边的商业、办公、住宅等空间的开发和发展有着关键作用。为了适应TOD模式的要求，公共交通站点需要与周边的快速公共交通系统相衔接，形成高效的立体交通网络。而快速公共交通系统主要有城市地铁和快速公交两种，其中便包含地铁站点。

地铁站点内的地下商业空间，是以地铁站为中心，以600米为半径的步行范围内的商业空间，可以满足人们在出行过程中的购物、娱乐、休闲等多种需求。追求规模数量而泛化、忽略实际需求与效益的地下商业空间建设大肆充斥于地铁站点之中，不仅造成地铁空间的风格分裂与审美的固化，更深深影响着居民们的出行需求。主体性的缺席与遗失初心的建设侵蚀着城市的地下脉络，也在潜移默化中抹平人们的精神趣味与审美品味，急需一个科学合理的理论模式来纠偏，以回归城市地下空间建设的正轨。

在此背景下，TOD模式逐渐出现在大众眼前。TOD模式拥有独有的优势，可以最大限度地开发利用地下商业空间，帮助地下商业空间与地上商业综合体相互补充，优化城市的商业结构，提高城市土地利用率和土地价值，缓解地上资源的紧张，使得人们对地下商业空间的环境形成心理认同感并从空间、风格、功能各方面产生深刻的体验，从而取得经济效益、社会效益，使地下商业空间不仅是地铁空间的附庸，而且是地下空间精神的外化。

4.8.2 地铁站点与城市商业空间耦合现状问题

1.商业业态分布缺乏人性化设计

商业业态是商业空间中提供的不同类型和形式的商品和服务，它可以影响商业空间的吸引力和竞争力。地铁站与地铁商业空间的过渡区域是连接两者的重要空间，它需要考虑商业业态的分布和设计，以提高人们的空间体验和满意度。然而，一些地铁站与地铁商业空间的过渡区域存在着商业业态分布缺乏人性化设计的问题，主要表现在导向性、流线、出入口设计三个方面。首先，地下商业空间的过渡区域的导向性不佳，缺少明确的指示标识和装饰元素，使人们在通往地下商业空间的过程中感到迷茫和压抑。其次，过渡区域的流线过长，空间尺度狭窄，自然光线不足，使人们在通往地下商业空间的过程中感到疲惫和不安。最后，过渡区域的出入口设计不合理，视线封闭，缺乏自然光，隐蔽不易被发现，使人们在通往地下商业空间的过程中感到困惑。

2.商业交通流线缺乏合理性设计

商业交通流线是指商业空间中人群的移动路径，它可以影响商业空间的功能性和舒适性。地铁站域地下商业空间在交通功能上比单纯的地上商业建筑类空间更能体现TOD模式的内涵，它需要考虑交通流线的规划和设计，以提高交通效率和可达性。然而，一些地铁站域地下商业空间存在着交通流线规划不合理的问题，主要表现在地铁站和商业空间流线不合理、与周边公共交通系统缺乏衔接、与周边的地上商业综合体缺乏有效的连接三个方面。首先，地铁站厅与商业空间一起设计规划，导致部分出入站人群需要穿越地下商业空间，造成人流混乱和拥堵，影响人们的出行效率和安全性。其次，地铁站域地下商业空间与周边的公共交通系统缺乏有效的衔接，导致人们在换乘过程中需要绕行或上下楼梯，增加了人们的出行时间和成本。最后，地铁站域地下商业空间与周边的地上商业综合体缺乏有效的连接，导致人们在进出地下商业空间时需要多次穿越马路或过街天桥，降低了人们的出行便利度和舒适度。

3.商业空间规划缺乏系统性设计

地铁站域地下商业空间作为城市地铁与地铁站综合开发建设的一部分，需要考虑系统性的商业空间规划，以实现与周边环境和外部环境的协调和关联。然而，一些地铁站域地下商业空间存在着商业空间规划缺乏系统性设计的问题，主要表现在以下几个方面。首先，地铁站域地下商业空间缺乏整体系统性的交通规划，导致地下商业空间相互割裂，可达性大大减弱，不利于以地上地下为主的立体商业模式的发展。其次，地铁站域地下商业空间缺乏与周边建筑和外部环境的关联性，导致地下商业空间与城市整体的风貌和氛围不协调，不利于城市整体的发展。最后，地铁站域地下商业空间缺乏特色性和前瞻性设计，导致地下商业空间与其他地下商业空间没有明显的差异和竞争优势，不利于吸引和留住消费者。

4.8.3 TOD视角下地铁站与地铁商业空间耦合设计的意义

1.满足用户需求，提升人性化设计水平

人性化设计要求设计规划从用户的角度出发，考虑用户需求、习惯、情感等因素，设计出符合用户期望和体验的产品或空间。地铁站域地下商业空间作为人们出行和消费的重要场所，在地铁站与地下商业空间耦合的过程中，提供的人性化设计能够满足用户的多样化需求，规划和设计出适合不同年龄、性别、职业、兴趣等人群的商业业态，提供多元化的商品和服务，满足用户在出行过程中的购物、娱乐、休闲等需求。并且可以根据用户的出行习惯，规划设计出符合人们行为和心理的交通流线，提供便捷高效、安全舒适的出行服务，减少用户在换乘过程中所花费的时间和成本，增加用户在地下商业空间的停留时间。另外，TOD视角下耦合设计创造出的富有特色和创意的空间形式，比之前能营造出舒适愉悦的空间氛围，提升用户的体验舒适度和满意度，激发用户在地下商业空间的消费欲望。

2.提高交通效率，优化立体化交通系统

地铁站域地下商业空间作为城市地铁的重要组成部分，它需要优化立体交通系统，以提高交通效率和可达性。立体交通系统是在城市中利用地上、地下、空中等不同的空间层次，建设和发展多种形式的公共交通工具，形成高效的交通网络。在地铁站域地下商业空间中，优化立体交通系统主要从周边公共交通系统、周边地上商业综合体、周边地上道路系统三方面入手。在周边公共交通系统方面，与其进行有效的衔接，如公交、车站、飞机场等，以便提供快速的换乘服务，减少用户的出行时间和成本，提高用户的出行便利度和舒适度。在周边的地上商业综合体方面，与其进行有效的连接，如商场、酒店、公司等，提供便捷的进出服务，增加用户的出行选择和灵活性，提高用户的出行满意度和乘坐地铁的信任度。在周边的地上道路系统方面，进行有效的协调，如人行道、自行车道、马路、过街天桥等，提供安全的通行服务，减少用户的出行风险和障碍，提高用户的出行安全性和信任度。

3.实现社会价值，推动地铁上盖开发

地铁站域地下商业空间作为城市地铁与地铁站综合开发建设的一部分，它需要实现社会价值，以推动地铁上盖开发。地铁站域地下商业空间实现社会价值主要包括以下几个方面。首先，它能够促进城市经济的发展，通过高效利用土地，提高城市土地利用率和土地价值，增加城市的税收收入和就业机会，从而提高城市的经济活力和竞争力。其次，它能够保护城市环境，通过减少汽车的使用，降低城市的能耗和排放，减少城市的污染和拥堵，提高城市的环境质量和生态效益。最后，它能够丰富城市文化的内涵，通过打造有特色和创意的空间形式，展示城市的历史和风貌，增加城市的文化内涵和魅力。

4.8.4 天津3、5号线地铁与城市商业空间调研分析

1. 天津地铁建设及地铁商业的发展

天津是继北京之后运营地铁系统的城市，自第一条地铁线路1970年4月7日开发以来，天津地铁的发展和运营缓解了城市交通压力，改变了城市客运模式，增强了重要商业区的功能，同时改善了重要地区的旅游景点的交通功能。

在天津地铁中，站域范围内有商业项目的车站以3、5号线为多，本文将以3、5号线为例进行调研分析。

2. 天津地铁3、5号线与地铁商业空间的空间类型分析

（1）交通枢纽型地铁与地铁商业空间、交通及匹配度调研——天津站

交通枢纽型地铁车站周边往往有许多商业开发项目，它们与车站通过地下通道相连，构成一个系统的开发区域。这种区域在建成后，利用地铁站的人流量和交通便利性，优化了城市的商业结构，激发了城市商圈的活力。

天津站（图4-39）是典型的城市交通枢纽型地铁站点，是天津市最大的综合交通枢纽。天津站以下沉广场为核心，周边环绕着商务、交通、商业、

图 4-39 天津站
（图片来源：作者自摄）

餐饮等不同类型的商业开发项目，如东方商厦、百联、苏宁易购等城市商业综合体。这些商业项目与地铁站通过地下步行系统相互连接，形成了以轨道站点为中心，以站域步行系统为骨架，与周边整合发展的模式。在这种模式下，地铁车站与商业空间形成了复杂的耦合作用，实现了站域空间一体化的空间格局。

（2）城市中心型地铁与地铁商业空间、交通及匹配度调研——下瓦房站

城市中心型地铁车站位于城市的核心区域，它们通常采用立体式的商业开发模式，将地铁车站的交通功能与城市中的其他功能空间在竖直方向上进行叠加，在水平方向上进行扩展，形成集约紧凑、卓越高效、层次分明的功能组织模型。这种模型可以充分利用城市中心区域的土地资源和人流资源，提高城市的经济效益和社会效益。

下瓦房站（图4-40）是典型的城市中心型地铁站

点，商业空间发展模式是从外向地铁车站内部延长发展，不仅可以发挥地铁本身的优势，还可以集中精力发展当地强度高的地区，有效利用城市土地资源。另外，为了满足城市空间发展的需求，城市中心区的地铁站域，相较于城市其他发展区域的空间而言，开发需求量更大，而更大的空间开发量可以为站域商业的发展提供可能，通过立体式的商业开发模式，实现了与周边环境和外部环境的协调和关联，提高了城市中心区域的活力和魅力。

（3）商业中心型地铁与地铁商业空间、交通及匹配度调研——营口道站

商业中心型地铁车站周边有着成熟的商业环境，它们通常采用与周边整合模式的商业开发模式，将地铁车站空间与周边的商业空间、步行空间、公共空间相互连接，形成一个有机的开发区域。这种区域在建成后，利用地铁车站的客流量和商业空间的吸引力，优化了城市的商业布局，提高了城市的消费水平和生活品质。

营口道站（图4-41）是典型的商业中心型地铁站点，它位于天津市的老城区，周边有着丰富的历史文化和商业资源，如古文化街、鼓楼、大悦城等。这些历史文化和商业资源与地铁站通过地下步行系统或者商业步行街相连，形成了一个以地铁站为核心向外延长发展的开发区域。在这个区域中，旅客可以从地铁站出入口直接进入周边的商业空间或文化空间，进行购物、观光、体验等活动，也可以从周边的商业空间或文化设施乘坐地铁离开。营口道站通过与周边整合模式的商业开发模式，实现了与周边环境和外部环境的协调和关联，提高了城市老城区域的活力和魅力。

图4-40 下瓦房站
（图片来源：作者自摄）

图4-41 营口道站
（图片来源：作者自摄）

4.8.5 天津地铁站与地铁商业空间结合设计策略

1. 遵循整体性原则：空间规划协调，重视整体布局

TOD模式下对地铁站域地下商业空间进行人性化设计探究，要遵循整体性原则。这个原则要求设计者将地铁车站与地下商业空间看作一个有机的整体，从空间形态、功能、组织等方面进行统筹规划和设计，允分考虑城市地铁与地下商业两者之间的定位和联系，实现空间的协调和统一。这样可以发挥地铁车站和地下商业空间的互补优势，提高交通效率和商业效益，同时也可以提升空间的品质和形象。

新宿车站及其周围的商圈是日本采用TOD模式较为成功的案例。新宿车站线路繁多，交通繁忙，其地铁与商业社会密不可分，以站点为核心辐射区域内十多座商业综合体，围绕站点已经形成了规模很大的地下商业空间、地下商业街、上盖商场、主题商业街、高架桥下商业空间等点线域立体发展的商业格局。地下商业空间与地铁高效直达，完善的地下步行系统使人流通过众多出入口直达地下商业街，高效、便捷。同时，垂直的交通流线方式、便捷高效的双梯顺向、开阔的空间视野，使人们可以高效通行。新宿车站构建的完整有序的地铁，同时使步行交通更加立体、便捷，成为城市综合体中不可或缺的重要部分。

2. 基于步行可行性原则：串联周边环境，强化区域资源整合

TOD模式下对地铁站域地下商业空间进行人性化设计探究，要基于步行可达性原则。这个原则要求设计者将地铁车站与周边的商业空间、步行空间、公共空间有效地连接和协调，形成适宜步行的街道网络，使交通与购物交融。这样可以利用地铁车站的客流量和周边的商业资源，提高地下商业空间的吸引力和竞争力，同时也可以增加用户的出行选择和灵活性，提高用户的出行便利度和舒适度。

上海地铁10号线五角场站是上海重要的城市地铁站点，位于城市中心区域。五角场是一个以下沉广场为核心的开放式空间，并贯通了周边的商业空间，其中可分为地上商业空间和地下商业空间，在其600米的范围内分布着合生汇、万达广场、东方商厦、百联、苏宁易购、巴黎春天等城市商业综合体。五角场站与地下商业空间接驳区域充分发挥了人流量大和紧邻地铁站点的优势，开设了商业性质的店铺，充分发挥了临近站点的经济效应，考虑到不同时段的消费需求，为地铁站域地下商业空间提供了多样便捷的商业业态。五角场站通过基于步行可达性原则的规划和设计，实现了与周边环境和外部环境的有效连接和整合，提高了城市中心区域的消费水平和生活品质。

3.基于多样性原则：丰富商业业态，提高商业竞争力

TOD模式下对地铁站域地下商业空间进行人性化设计探究，要基于多样性原则。这个原则要求设计者对地铁车站与地下商业空间的功能、形态、组织等方面进行多样化的设计，满足不同人群的需求，提供多元化的商品和服务，满足用户在出行过程中的购物、娱乐、休闲等需求。这样可以利用地铁车站和地下商业空间的互动优势，提高地下商业空间的消费水平和用户满意度，同时也可以增加地下商业空间的差异和竞争优势，提高地下商业空间的市场份额和品牌影响力。

国外有些购物商场将首店集群放在地下，其根本目的就是将潮流和流量向地下引导。国内如上海合生汇购物中心，将一部分集中在下午至午夜营业的餐饮店放置在地下一层和二层，达到对地下商业空间引流的效果，充分利用了地铁商业客流的优势。考虑到不同时段的消费需求，为地铁站域地下商业空间提供了"夜经济"。合生汇购物中心通过基于多样性原则的规划和设计，实现了与周边环境和外部环境的有效衔接和协调，提高了城市中心区域的消费水平和生活品质。

4.基于特色性原则：站域连通空间差异化设计，提高客流吸引力

TOD模式下对地铁站域地下商业空间进行人性化设计探究，要基于特色性原则。这个原则要求设计者对地铁车站与地下商业空间的形象、风格、氛围等方面进行特色化的设计，展示城市的历史和风貌，增加城市的文化内涵和魅力，提高用户的体验舒适度和满意度，激发用户在地下商业空间的消费欲望。这样可以利用地铁车站和地下商业空间的创意优势，提高地下商业空间的品牌价值和用户忠诚度，同时也可以增加地下商业空间的辨识度和影响力，提高地下商业空间的市场竞争力。

香港置地广场是一个集办公、酒店、购物、娱乐于一体的城市综合体，它与中环地铁站通过中庭连通，形成了一个立体式的商业空间网络。在这个网络中，乘客可以从中环地铁站出入口直接进入置地广场内的商场空间或酒店空间，进行购物、休闲、住宿等活动，也可以从置地广场直接乘坐地铁离开。置地广场通过中庭的设计，实现了与中环地铁站的有效衔接和协调，同时也创造了一种富有特色和创意的空间形式，展示了香港的现代风貌和国际气派，提高了城市中心区域的消费水平和生活品质。

4.8.6 结语

本文从TOD模式的视角,探究地铁站与商业空间的耦合设计,以提高地铁站域的交通可达性、社会效益,满足用户需求。以天津地铁3、5号线为例,调研分析了三种不同类型的地铁站与商业空间的空间结构、交通流线、匹配度等特点,评价了天津地铁站与商业空间的匹配度,提出了基于整体性、步行可达性、多样性和特色性原则的设计策略,旨在构建完整有序、接驳过渡、可识别和多元化的地下商业空间,希望能为我国地铁站空间开发提供有益参考。

作者:李子璇、孙奎利

李子璇 天津美术学院硕士研究生

孙奎利 博士,天津美术学院副教授、硕士生导师

(通讯作者)

本文于2024年2月发表于《美与时代(上)》杂志第02期。

4.9 空间叙事视角下城市地铁空间艺术化设计的探索
——以北京地铁19号线为例

【摘要】现如今随着城市的发展，全国各地在建设地铁空间时越发注重其文化属性，因此如何通过地铁空间艺术化更好地将文化元素视觉化仍是一个巨大的挑战。文章以北京地铁19号线公共空间现状为例，结合空间叙事理论，探索地铁空间设计的可行思路，并分析其设计理念、营造手法、艺术形式等方面在空间叙事性视角下的应用。空间叙事设计对于地铁空间有良好的适应性，能为城市地铁空间的建设和更新提供新思路。

4.9.1 引言

在当今的城市化进程中，地铁空间不仅是城市公共交通的重要组成部分，还是展示城市文化的重要窗口。地铁空间的设计语言具有叙事性，通过艺术形式的创新，创造多元的视觉效果、全新的审美视角和丰富的情感联结，从而赋予了地铁空间很高的辨识度和独特的文化魅力。本文以北京地铁19号线地铁空间为例，通过分析城市文化在地铁空间中的叙事化应用，探究叙事学在空间设计中的要素构成。在此基础上，进一步推导出空间叙事在地铁空间中的营造策略，以解决不同区域地铁空间设计形式同质化的问题，彰显城市地铁空间的文化内涵。

4.9.2 现阶段城市地铁空间艺术化设计现状

1.表达单一的城市文化概念

随着城市经济、建设的高速发展，人们对物质和精神层面的需求也日益增长。地铁空间的建设已经从原本单一的功能性逐渐转向表达站点周边文化概念。设计者开始更加注重文化元素的视觉化和艺术化，但在转变的过程中，文化概念的表现形式却出现了固化的问题。这种固化的表现形式不仅限制了设计者的创意和想象力，也可能使得地铁空间的文化表达失去活力和创新性。首先，地铁空间在颜色的选择上存在文化内涵表达不足的问题。城市地铁的线路和站点通常使用不同颜色来标识，但这些颜色的选择仅仅起到视觉识别的作用，与当地文化内涵的相关性太弱。其次，地铁空间以模式化的方式展现了当地特色和历史文化。地铁空间的设计风格代表了一座城市的形象，与当地的历史、文化特色紧密相关，但地铁空间在表达形式的选择上过于刻板，这可能给乘客留下生硬的刻板印象，使得乘客无法感受到当地文化的独特魅力。

2.延长性不足的地铁空间设计

地铁沿线上每个车站的风格都是独特的，其设计形态受到附近区域文化的影响。由于乘客从地面进入地下空间的行为需求改变了，并且地铁建设存在时间差，地铁空间与地面城市空间缺乏关联性。一个较好的解决方案是将各个空间之间的视觉元素关联起来，使得每个车站能够提供乘客更直接的感官体验，营造出一个丰富多元的城市艺术空间。地铁空间设计的灵感来源于车站周围区域的文化系统，提取和提炼区域文化元素能够在连接地上与地下脉络的同时，传达出当地的文化特色和实现历史传承，增强人们对该地区的认同感和归属感。此外，每个车站的设计理念、营造手法、艺术形式等方面应该彼此关联，展现出站点间文化题材的相似之处，从而解决地铁空间延长性不足的问题。

3.竖向维度失衡的地铁空间

地铁空间不同区域之间不流畅的过渡或不一致的设计会导致人们在转换区域时感到困惑或不适，人们需要更为感性、直观的整体空间引导方式。首先，空间中文化元素的堆叠、设计风格的多样、标识和导视系统的复杂、照明和装饰的不连贯都会使地铁空间缺乏视觉焦点，主次关系被削弱，从而出现空间维度失衡和视觉层面连续性不足的问题。其次，有的设计者已经从空间维度的角度设计地铁空间，但只是对地铁空间进行单一形式的拼贴，这会导致乘客出现审美疲劳。因此，利用地铁立体空间产生视觉冲击力，组合地铁空间的多维空间，是有效解决地铁空间竖向维度空间界面与空间连续性问题的关键。

4.9.3 地铁中空间叙事性设计的内涵及意义

1.地铁空间叙事性设计的内涵

叙事性设计是由叙事理论发展而来的。在20世纪80年代初，叙事作为一种设计方法开始应用于现代建筑设计，为设计的逻辑提供更加多样化的探索思路，并帮助设计者激发想象力和灵感。通过运用叙事性设计，空间得以呈现出生动且富有故事性的特点，使人们能够感受到设计背后的意义和文化内涵。这种设计方法能够激发观者的想象力、增强参与感，进而增强设计与观者之间的沟通和互动。通过叙事性表达，空间设计得以打破功能性的局限，变得更加具有艺术性和更易引发情感共鸣。

随着时代的进步和文化的交融，设计者开始尝试在城市空间中引入新的设计理念和创意。地铁空间中的叙事性设计以地铁空间设计为主要载体，运用叙事的思维和手法，将叙述的文化要素、讲述者、场景空间、受叙者等元素联系在一起（图4-42）。空间叙事性设计包括叙事主题和叙事内容两个基本元素。

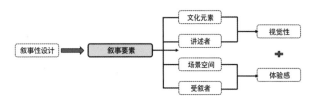

图4-42 叙事性设计要素
（图片来源：作者自绘）

（1）叙事主题

如果地铁空间有明确的主题，将为设计提供一个有序的框架，让设计师能够在其中发挥创意并营造独特的氛围。通过赋予不同区域小主题，不仅可以给不同区域注入个性化的特点，还可以清晰地引导在地铁站中行走的人们，进而提升空间体验的质量。此外，明确的主题还有助于构建连贯的视觉故事，使地铁空间设计更有连续性和层次感。乘客能够在叙事主题的引领下，沿着预定的观览路径自然移动，从而更好地理解和感受展示内容。空间上的流畅性和整体性将提升乘客的舒适度，增加地铁空间的吸引力和影响力。

（2）叙事内容

在地铁空间的叙事性设计中，设计师需要将选择的文化主题和故事立体化，以吸引乘客的注意。他们需要在表达方式上进行创新，并从多个角度对内容情节进行编排与演绎。考虑到地铁空间是连续的，设计师应该设置开篇、高潮和结尾等要素，以确保空间设计有秩序地展示，同时提高乘客的参与度和空间的趣味性。设计师在地铁空间中引入故事情节时，应结合乘客需求和所选择的主题，对空间各个要素进行精心编排，再通过设计一条清晰流畅的叙事动线使乘客在潜移默化中接收地铁空间所要传递的文化意义，为乘客提供独一无二的体验。无论是通过视觉元素、声音效果还是其他创意手段，设计师都应致力于打造一种引人入胜的空间环境，让乘客在地铁的旅程中感受到文化的魅力和故事的吸引力。

2.地铁空间叙事性设计的意义

（1）突破常规设计，实现理念创新

地铁作为一种独特的城市交通方式，不仅具备固有的交通属性，还被赋予了多元性、开放性、文化性和艺术性的特点。在地铁站点空间的设计过程中，设计团队需要打破传统的设计模式，从多个角度进行思考，并将新颖的设计理念融入其中。设计团队需要充分思考和解读地域文化，植入新型的设计理念，同时全面掌握地铁艺术空间的呈现效果，确保叙事艺术与地铁空间的相互契合和适配，以利用"空间艺术"来营造一个具有艺术感的地铁空间。

（2）触发感官体验，缓解低落情绪

将叙事性设计理念植入地铁公共空间，有助于提升乘客的感官体验。在当今地铁公共空间中，现代化程度的提高导致空间叙事的运用被忽视，但叙事性设计的元素能够以微小改变影响整个空间的氛围。乘客在地铁中容易受到环境的影响，对视觉、听觉、嗅觉等感官元素尤为敏感。通过在城市地铁空间中运用空间叙事的手法，可以为乘客创造出更加丰富、有趣的体验。这样的设计不仅可以提升乘客的情感参与度，还能够改变他们对地铁空间的感知，缓解乘客低落的情绪，达到艺术疗愈的效果，使其成为一个更具吸引力和更为舒适的场所。

（3）彰显地域文化，塑造城市形象

地铁空间艺术的设计应该发挥让乘客在短时间内领略城市多元文化的作用。当今的地铁站点已经成为一个丰富多彩的文化展示平台，乘客在穿梭于站点的同时，可以感受到不同艺术表现形式所带来的视觉和精神享受。叙事性设计通过巧妙地运用形式语言和表现语言，将主题与文化意义相融合，营造出富有故事性和参与性的环境，使之与周围环境更有机连接在一起，为乘客提供独特的出行体验。这种设计不仅拓展了设计的边界，还展现了城市丰富多样的文化形象。

4.9.4 空间叙事视角下北京地铁19号线艺术化设计的探索

1.北京地铁19号线发展概况

北京地铁19号线（又称R3线）位于北京市西部地区，于2015年开工建设，标志色为暗粉色。该线路将过去与现代融合，起于新宫站，途经雄伟壮观的故宫建筑群，止于牡丹园站。19号线是从各站历史、文化、特色着眼实现设计一体化的项目。第一期的设计主题为"荟萃京华"，相比北京其他的地铁站，19号线的每站设计各具特色，更具游览性。

2.叙事主题的表达：文化元素回应场地精神——牛街站

北京地铁19号线共有10个站点，每个站点都延续着"荟萃京华"的路线主题。每个站点的设计理念都与所在区域的人文历史或风俗人情相关，对于叙事主题的表达具有极强的地域性特征。例如，牛街站将"回族传统文化"作为文化契入点，通过叙事性设计的方式提取城市文化元素并加以视觉化呈现。车站空间设计融入了牛街地段特有的个性特征，激发了人们对传统文化的热爱。作为文化枢纽，19号线在传承和创新中发挥着重要作用。

牛街站的设计旨在呈现北京传统民族文化延续下来的历史场景。牛街是北京最大的回民聚居区，据传牛街原本是一片石榴园，在宋元时代，许多来自中亚的穆斯林来到这里生活并从事牛肉生意，因此清代人们将"榴街"谐音为"牛街"。这是一个经历了近千年发展而形成的时代记忆，在设计中将牛街建筑轮廓剪影与车站造型元素进行了完美结合，并充分提取代表民族文化色彩的纹样置入站内吊顶（图4-43），达到了地下与地上空间的融合。站厅壁画是本站的亮点，展示了各民族的风貌和日常生活，藻井设计为现代化的车站增添了一丝京城古韵。

3.叙事语汇的运用：营造手法彰显文化内涵——平安里站

北京地铁19号线的10个站点设计采用了多种营造手法，以突出文化主题并加深乘客对不同文化的沉浸式体验。这些手法包括在墙面、吊顶、立柱等多个空间部位进行呈现。例如，平安里站的吊顶设计选取了上元灯的文化元素，并设置了特色的顶面吊灯，吊灯与柱廊的结合不仅释放建筑空间，还提高了车站整体的视觉高度，巧妙地回应了多种场地元素（图4-44）。

图4-43 牛街站提取纹样
（图片来源：作者自摄）

站厅立柱与顶棚为整体的艺术表达，刻画了北京平安里地区多年来的市井文化。设计结合了走马灯的元素，营造平安祥和的氛围（图4-45），使乘客在乘坐地铁的同时被带入浓郁的节日气氛中，欣赏到优秀的传统文化。

4.叙事氛围的营造：艺术形式激活多元体验——新宫站

公共艺术作品的植入是在地铁空间中营造叙事氛围的重要手段，在激发乘客与环境的交互中发挥着重要作用。通过空间叙事性设计，乘客可以在地铁空间中逐步获得心理反应，情感体验也变得逐渐深入。这种艺术形式具有平等性，能够让乘客在不知不觉的行走中参与到艺术互动中，从而激发他们

图 4-44 平安里站吊顶设计
（图片来源：小红书）

图 4-45 平安里站立柱文化运用
（图片来源：作者自摄）

追求美的动力。公共艺术作品不仅在构建场所精神和情感体验方面发挥着重要作用，而且还以一种有效的方式体现文化内涵并表达精神本质。

新宫站的公共艺术设计是北京地铁19号线的代表作，站厅中央融合声光电的艺术装置（图4-46）是央美设计工作室出品的艺术品《云景宫阙》。该装置的灵感源于中国宫殿屋顶的形式，通过独特的玻璃雕刻手法，展现了不同历史时期不同形制的宫殿屋顶，玻璃的重叠让人看到了虚幻的宫殿轮廓。在天花板上，一幅天空的图景与宫殿屋顶相互呼应，营

图 4-46 新宫站光电艺术装置
（图片来源：北京 LOOK）

造出一种宫殿立在云端中的梦幻氛围。此外，该装置还会伴随音乐而律动，顶部亚克力材料的中式屋檐装饰会随着音乐的变化而变换灯光颜色。这种创新性的艺术装置融入地铁空间不仅巧妙地呼应了"新宫新景"的主题，还让乘客感受到一种置身于古老建筑中的氛围感。

4.9.5 城市地铁空间叙事性的设计策略

1. 题材选择：文化元素响应场地要素

（1）文化主题与提取元素的相互对应

空间叙事是一种基于故事性的空间编排艺术，而地铁空间的叙事性强与文化元素视觉化的效果密切相关。因此，首先需要对文化主题进行明确的定位，主题的立意高度和深度将直接影响空间所体现的思想水平。例如，历史文化主题可以通过使用历史建筑、文物图案、传统艺术等形式来提取元素；当地民族文化主题可以运用当地传统服饰、民族图腾、民间故事等来提取元素；科技创新主题可以利用现代艺术元素和科技手段来展现城市的活力与创新。选择与文化主题相匹配的文化元素，能够使地铁空间具有鲜明的个性和强烈的视觉冲击力，从而给乘客留下深刻的印象。

（2）文化元素与地域氛围的隐喻表达

为了精确地展现不同地域的文化特色，地铁空间应采用分级定位的方式，将自然景观、传统建筑和人文情怀等元素融入艺术形式中。通过隐喻和具象的方式，将抽象的地域文化以最具表现力的方式展现在地铁空间中，营造出令人眼前一亮的地铁空间和浓郁的文化氛围。设计团队应该深入挖掘地域文化特色，例如，杭州的水韵元素代表着杭州独特的城市风致，哈尔滨的冰雕艺术塑造出令人钦慕的冰雪王国。在地铁空间中创造性地使用城市主题元素，使乘客在穿越地铁空间时能够通过想象加深对不同地域文化的印象。他们可以通过艺术形式，感受到地域独特的精神内涵和氛围，从而增强对当地文化的理解和认同。

2.艺术表现：营造形式激活体验空间

（1）科技引入感知艺术

在地铁空间中，叙事设计形式的创新不仅涉及空间造型、材料和照明等方面，还可以从空间与人、事物与人的角度进行思考。首先，关于空间与人的关系，在传统的空间设计中，空间是相对静止的，而人是相对移动的。这种传统的叙事设计通过人的移动和眼前景象的变化来产生观感效果。然而，随着4D技术的应用，设计师可以使空间动态化，而人保持静止，从而带来全新的体验感。根据场景叙事的要求，可以通过运用技术手段使空间产生动态变化，再结合声音、光影等技术手段，实现科技与艺术的融合，为乘客提供更加生动、丰富和沉浸式的地铁空间体验。

（2）公众参与注入活力

空间叙事是为了打造一个以事件主题为中心的沉浸式空间场景，通过充分运用空间组合的各种手法和新型的艺术形式，为乘客带来强烈的视觉审美盛宴。例如，上海地铁龙华中路站通过与多界合作的方式将美术馆展览的形式植入地铁空间中，使欣赏艺术的门槛从美术馆降到了地铁站（图4-47）。追求"艺术生活化，生活艺术化"的高品质生活是现代都市人的小心愿，越来越多的乘客在路上停下脚步，欣赏艺术，从而丰富了市民的精神生活，体现了一座城市的精神文明。

3.内容呈现：场景整体化营造氛围感

（1）空间叙事故事线的引导性

在地铁空间中，场景整体化的塑造是为了创造出一种统一的、连贯的环境。空间流线、场景节点布置、材料选择、光影效果等设计语言是形成地铁空间统一视觉效果的重要元素。流线设计需要根据空间的定位和功能分类来进行，以引导乘客按照既定路线进行体验。其中，视觉扩大化设计是一个重要的方面，通过放大场景节点设计，达到局部场景

图 4-47　上海地铁龙华中路站达利画展
（图片来源：小红书）

带动整体空间氛围的效果，从而提升乘客对整个空间故事的参与度。例如北京地铁19号线的新宫站是一个两层岛式站台。"新宫新景"的叙事始于出入口，通过吊顶和廊柱的设计来引导乘客进入。疏导分流区设置了一个以"中国宫殿"为形态的声光电艺术装置，利用色彩和灯光的搭配为乘客带来沉浸式的皇家庭院体验，这也是地铁空间叙事故事线的发展和高潮部分。站台区描绘新宫地区皇家苑囿文化的壁画是整个空间的亮点，对整个空间叙事的结束起到了至关重要的作用（图4-48）。整条线路上的叙事节点都具有引导性，与地铁的核心功能紧密相连。这种设计不仅使乘客能够自然前行，还能为他们提供一段更加丰富、有趣的地铁旅程。

（2）多维度空间叙事的完整性

地铁公共空间应该通过设置多维度的空间叙事系统营造出整体性氛围。传统的地铁空间叙事策略往往只集中在单个维度，例如使用艺术背景墙、雕塑、色彩、灯具灯光等元素，若将视角放大，这些元素在整个地铁站内共同构成了独立的叙事系统，没有连续性和多样性。因此，在城市地铁空间中应利用空间的三个维度（界面）来展现叙事内容，共同营造出站内空间的整体性和统一性。这种多维度的叙事系统能够充分发挥地铁空间的元素和特点，让乘客不仅可以从空间尺度上感知地铁的物理属性，还能通过时间的流逝和艺术的呈现感受到空间的变化和情感的流动。

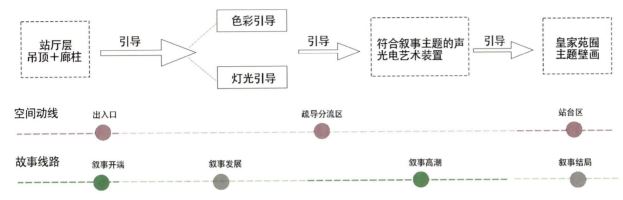

图 4-48 新宫站公共空间的叙事主线
（图片来源：作者自绘）

4.9.6 结语

随着城市的发展，地铁不仅是城市交通不可或缺的一部分，也是展现城市文化内涵的重要窗口。本文提出了三种将地铁空间与叙事性设计理念相结合的设计策略，旨在建立城市地铁空间叙事性的研究体系，打造出有温度、有内涵的"叙事性"地铁空间。只有将各个城市的文化特色真正融入地铁空间的场景设计中，使乘客在潜移默化的体验过程中感受到人与环境的和谐统一，才能够提升城市地铁空间的活力和吸引力。

作者：佟家琪、孙奎利

佟家琪 天津美术学院硕士研究生

孙奎利 博士，天津美术学院副教授、硕士生导师（通讯作者）

本文于2024年11月发表于《创意设计源》杂志第6期。

5 时代展望：地铁发展趋势及设计特征

- 地铁空间的智能化升级
- 地铁空间的绿色化转型
- 地铁空间的人性化设计
- 地铁空间的文化建设
- 地铁空间与自然环境的融合
- 地铁空间与社会需求的融合
- 地铁空间与城市形象的融合
- 地铁空间的艺术创新
- 地铁空间的公众参与
- 地铁空间的国际化视野

5.1 地铁空间的智能化升级

地铁空间的智能化升级是指利用信息技术、人工智能、大数据等手段,提升地铁空间的运营效率、服务质量、安全保障水平等,为乘客提供更加便捷、舒适、安全的出行体验,为城市发展提供更加高效、节能、环保的交通支撑。地铁空间的智能化升级涉及面较广,主要包括以下几个方面。

(1) 地铁空间的信息化建设

信息化建设是指通过建立完善的信息采集、传输、处理、存储、展示和应用系统,实现地铁空间信息的实时获取、快速更新、准确传达和有效利用,为地铁运营管理和乘客出行提供有力的信息支持。信息化建设主要包括以下几个方面。

①建立智能导视系统,为乘客提供清晰可视的出行信息。智能导视系统是指通过电子屏幕、投影仪、语音播报等设备,在地铁站内外显示各种出行信息,如线路图、车次时刻、换乘路线、站点名称、目的地方向等,帮助乘客快速找到所需的信息,方便乘客规划和选择出行方式。智能导视系统还可以根据实时的客流情况和运营状况,动态调整和更新信息内容,提醒乘客注意安全和秩序,提升乘客出行体验。

②建立智能服务系统,为乘客提供便捷高效的服务功能。智能服务系统是指通过自助售票机、自助检票机、自助充值机、自助查询机等设备,在地铁站内外提供各种服务功能,如购票、检票、充值、查询、投诉等,减少乘客排队等待的时间,提高乘客出行效率。智能服务系统还可以通过移动支付、二维码扫描等方式,实现无现金、无接触的支付方式,增加乘客出行便利性。

③建立智能安防系统,为乘客提供安全可靠的保障措施。智能安防系统是指通过摄像头、传感器、报警器等设备,在地铁站内外进行全方位的监控和检测,及时发现和处置各种安全隐患和突发事件,保障地铁运营和乘客出行的安全。智能安防系统还可以通过人脸识别、指纹识别等方式,实现对乘客身份的验证和管理,防止非法入侵和犯罪活动。

(2) 地铁空间的人工智能应用

人工智能应用是指通过运用人工智能技术,如机器学习、深度学习、自然语言处理等,在地铁空间实现各种智能化功能,如智能分析、智能优化、智能交互等,为地铁运营管理和乘客出行提供更加精准、高效和个性化的解决方案。人工智能应用主要包括以下几个方面。

①实现智能分析,为地铁运营管理提供数据支持。智能分析是指通过对地铁空间的各种数据进行收集、整理、分析和挖掘,得出有价值的信息和知识,为地铁运营管理提供数据支持。例如,通过对客流数据的智能分析,可以预测客流变化趋势,优化车辆运行计划,提高运力利用率;通过对故障数据的智能分析,可以诊断故障原因,制定维修方案,提高设备可靠性;通过对能耗数据的智能分析,可以评估能耗状况,制定节能措施,降低运营成本。

②实现智能优化,为地铁运营管理提供决策支持。智能优化是指通过对地铁空间的各种问题进行建模、求解和优化,得出最优或近似最优的解决方案,为地铁运营管理提供决策支持。例如,通过对换乘问题的智能优化,可以设计最佳的换乘路线,减少乘客换乘时间和距离;通过对调度问题的智能优化,可以安排合理的车辆编组和发车间隔,平衡客流需求和运力供给;通过对排队问题的智能优化,可以调整合适的售票窗口和检票通道,缓解客流拥堵。

③实现智能交互,为乘客出行提供服务支持。智能交互是指通过利用人工智能技术与乘客进行自然、友好、有效的交流和沟通,为乘客出行提供服务支持。例如,通过设置智能机器人、智能语音、智能导游等设备,在地铁站内外为乘客提供咨询、引导、翻译等服务;通过开发智能手机应用、智能穿戴设备等平台,在地铁站内外为乘客提供导航、推荐、娱乐等服务。

(3)地铁空间的大数据应用

大数据应用是指通过利用大数据技术,如云计算、物联网、区块链等,在地铁空间实现各种大数据功能,如大数据采集、大数据存储、大数据分析等,为地铁运营管理和乘客出行提供更加全面、深入和实时的数据服务。大数据应用主要包括以下几个方面。

①实现大数据采集,为地铁空间提供数据源。大数据采集是指通过在地铁空间部署各种传感器、摄像头、扫描仪等设备,在地铁站内外实时收集各种类型和格式的数据,如车辆数据、设备数据、客流数据、环境数据等,为地铁空间提供丰富多样的数据源。这些数据不仅可以反映地铁空间的运行状况和效果,也可以反映乘客的出行特征和行为模式。

②实现大数据存储,为地铁空间提供数据基础。大数据存储是指通过在地铁空间建立高效可靠的数据库系统,在云端或本地存储各种规模和复杂度的数据,如结构化数据、非结构化数据、半结构化数据等,为地铁空间提供稳定安全的数据基础。

5.2 地铁空间的绿色化转型

随着全球气候变化和环境问题的加剧,地铁空间的绿色化转型已迫在眉睫,成为一项不可或缺的任务。这种转型不仅能提升地铁空间的生态效益,降低能源消耗和污染排放,还能提高社会效益,提升乘客的出行体验和生活质量。我们可以从以下几个方面着手推进地铁空间的绿色化转型。

①绿色建筑技术的应用。这些技术在建筑的设计、施工、运营和维护各阶段,通过节能、节水、节材、节地和减排等措施,实现与自然环境的和谐共生。在地铁空间设计中,应用绿色建筑技术能有效提升能效,降低运营成本,延长使用寿命,并增强安全性和舒适性。例如,利用太阳能、风能、地热等可再生能源,为地铁空间提供清洁能源;采用雨水收集和再利用技术,提供清洁水源并缓解城市内涝;使用轻质、可回收、可降解材料,减少建造废弃物;通过天窗、通风口、绿化屋顶等手段,增加自然采光和通风,改善微气候。

②绿色交通模式的推广。绿色交通模式以公共交通为主,辅以非机动车和步行,旨在实现低碳、低污染、低拥堵的出行方式。在地铁空间设计中,推广绿色交通模式能显著减少城市交通对环境的影响,促进交通的可持续发展,提升出行效率和便利性。例如,优化地铁线路和站点布局,提高运力和服务频率;完善地铁与其他公共交通工具的换乘设施,实现无缝对接;鼓励乘客使用自行车、电动车等非机动车或步行前往地铁站,提供充足的停车和租赁服务;开展低碳出行的宣传教育,提高乘客的环保意识。

③绿色景观艺术的营造。绿色景观艺术通过在地铁空间中融入自然元素,如植物、水体、土壤等,并运用艺术手法,创造出既美观又具功能性的景观。这样的设计能有效提高生物多样性,改善城市生态环境,促进乘客的心理健康和情感满足。例如,通过盆栽、花坛、垂直绿化等形式增添绿意;利用喷泉、水幕、水景等元素增加凉意;通过雕塑、装置、壁画等增添艺术趣味。

地铁空间的绿色化转型是一项迫切且有益的探索。通过实施绿色建筑技术、推广绿色交通模式、营造绿色景观艺术等措施,我们可以将地铁空间打造成一个节能、环保、舒适且美观的公共空间,为城市发展和乘客出行带来更多价值和可能性。

5.3 地铁空间的人性化设计

地铁空间的人性化设计,是指在满足地铁运营功能的基础上,充分考虑乘客的心理、生理、社会和文化需求,创造舒适、安全、便捷、美观的地铁环境,提升乘客的出行体验和幸福感。地铁空间的人性化设计,不仅有利于提高地铁的吸引力和竞争力,也有利于促进城市的可持续发展和社会和谐。我们可以从以下几个方面探讨地铁空间的人性化设计。

(1)空间布局人性化

空间布局人性化,是指根据乘客的出行流程和行为特点,合理规划地铁站内外的空间结构和功能分区,优化出入口、换乘通道、候车区、设备区等空间的位置、尺寸、形式和数量,使之符合乘客的使用习惯和操作逻辑,方便乘客快速进出站、换乘和候车。空间布局人性化应该遵循以下几个原则:

①以人为本,以乘客为中心,关注乘客的需求和体验;

②以功能为导向,以效率为目标,实现空间的合理利用和优化配置;

③以流线为基础,以顺畅为要求,实现空间的有序组织和动态平衡;

④以安全为前提,以舒适为标准,实现空间的可靠保障和良好氛围。

例如,天津地铁5号线采用了开放而灵动的空间结构,实现了地铁站与文化中心的有机融合和互动。该站设有多个出入口,分别连接文化中心南北两侧的广场。站内设有两层换乘厅,分别与文化中心一层和二层相连。换乘厅内设有多部扶梯、电梯和楼梯,方便乘客在不同层次之间快速转移。站台层采用了双层岛式布局,将上下行列车分别停靠在两层不同的站台上,通过中央换乘厅实现换乘。该站的空间布局充分考虑了文化中心的功能需求和人流特点,实现了地铁与文化活动的无缝对接。

(2)空间环境人性化

空间环境人性化,是指根据乘客的心理感受和情感需求,营造舒适、温馨、有趣的地铁氛围,提高乘客的满意度和忠诚度。这主要涉及空间的光照、色彩、温度、湿度、通风、噪声等物理因素,以及空间的装饰、艺术、文化等精神因素。空间环境人性化应该遵循以下几个原则:

①以自然为参照,以健康为基础,关注乘客的生理舒适和安全;

②以美学为准则,以情感为导向,关注乘客的心理愉悦和满足;

③以文化为内涵,以艺术为手段,关注乘客的精神启迪和教育;

④以创新为动力,以多样为特色,关注乘客的体验更新和个性化。

例如,天津红旗南路地铁站位于南开区迎水道与红旗南路交口处,是天津地铁3号线与6号线的换乘站。车站设计现代,功能齐全,设有多个出入口,方便乘客进出。红旗南路地铁站的出入口装饰有精美的浮雕画,这些浮雕画展示了曾经广为人知的许多国货品牌,如飞鸽牌自行车、牡丹牌缝纫机和海鸥牌手表等。浮雕画不仅美观,还承载着丰富的历史文化内涵,通过艺术的形式再现了这些品牌在中国工业发展史上的重要地位。这些浮雕画充满了历史的厚重感和文化的底蕴,为车站增添了独特的魅力。

(3)空间服务人性化

空间服务人性化,是指根据乘客的多元化需求和个性化喜好,提供多样化、智能化、便捷的地铁服务,增加乘客的获得感和幸福感。这主要涉及空间的导视系统、信息系统、安全系统、应急系统等服务设施和设备,以及空间的商业配套、文娱设施、休闲设施等附加服务。空间服务人性化应该遵循以下几个原则:

①以需求为导向,以满足为目标,关注乘客的基本出行需求和期待;

②以技术为支撑,以智能为特征,关注乘客的信息获取、交互需求和期待;

③以增值为理念,以多样为形式,关注乘客的购物、娱乐、休闲等需求和期待;

④以反馈为机制,以改进为动力,关注乘客的意见和建议,提高服务质量和水平。

例如,天津地铁3号线在各个车站内设置了多媒体信息屏幕,实时播放列车运行信息、天气预报、新闻资讯等内容;同时,在部分车站内开设了便利店、书店、咖啡厅等商业服务设施,满足乘客的购物和休闲需求。该线的空间服务充分考虑了乘客在地铁空间中的各种需求和喜好,提供了方便、快捷、丰富的地铁服务。

地铁空间的人性化设计是一种以人为本的设计理念和方法,它关注乘客在地铁空间中的各种需求和体验,并通过合理的空间布局、舒适的空间环境、优质的空间服务等,提升地铁空间的品质和价值,实现地铁空间与乘客的和谐共生。地铁空间的人性化设计是地铁建设和发展的必然趋势,也是地铁文化建设的重要内容。

5.4 地铁空间的文化建设

地铁空间的文化建设,是指在地铁空间中融入地域文化、历史文化、现代文化等多元文化元素,展现城市的文化特色和精神内涵,提升城市的形象。地铁空间的文化建设,不仅能够丰富地铁空间的内涵和氛围,也能够增强乘客的归属感和认同感。我们可以从地域文化方面探讨地铁空间的文化建设。

地域文化是指一个地区或一座城市所具有的独特的风土人情、历史传统、民俗风情、艺术风格等文化特征。在地铁空间设计中,体现地域文化可以有效地突出城市的个性和特色,提高城市的辨识度并增加城市的吸引力。体现地域文化的方法有以下几种。

①利用符号、图案、色彩等视觉元素,表达地域文化的象征意义和审美情趣。例如,北京地铁采用了红墙黄瓦、门楼牌匾、京剧脸谱等元素,体现了北京作为首都的庄严气象和京味文化。

②利用文字、声音、影像等媒介元素,传达地域文化的信息内容和故事情节。例如,上海地铁采用了沪语、沪剧、老照片等元素,传达了上海作为大都市的时尚气息和海派文化。

③利用雕塑、装置、壁画等艺术元素,展示地域文化的创造力和艺术性。例如,重庆地铁采用了火锅、辣椒、山水等元素,展示了重庆作为山城的热情性格和山水文化。

5.5　地铁空间与自然环境的融合

天津是一座沿海河流交汇的城市，海河是天津的母亲河，也是天津重要的自然景观。天津地铁在规划和建设过程中，充分考虑了海河及其支流对城市交通和景观的影响，采取了多种措施来实现地铁空间与自然环境的融合。

首先，在跨越海河及其支流的地段，天津地铁采用了隧道或高架桥等方式，避免破坏河道和河岸的完整性和美观性。例如，在跨越海河主干道的地段，1号线、2号线、3号线、5号线、9号线等都采用了隧道方式，在跨越海河支流如永定河、南运河等地段，4号线、6号线等都采用了高架桥方式。这些方式不仅保证了地铁运行的安全和效率，也保护了海河及其支流的水质和生态。

其次，在靠近海河及其支流的车站，天津地铁利用车站出入口、换乘通道、观景平台等设计元素，打造了与水景相结合的地铁空间。例如，在靠近海河主干道的车站，如1号线和2号线的西南角站、3号线和9号线的天津站等，都设置了可以欣赏海河风光的观景平台或玻璃幕墙；在靠近海河支流的车站，如1号线和6号线的西站、5号线的北辰科技园北站等，都利用车站出入口或换乘通道与水岸相连，形成了亲水互动的地铁空间。

最后，在远离海河及其支流但受其影响的车站，天津地铁借鉴了水文化和水生态等主题，创造了与水相关或有水的寓意的地铁空间。例如，天津地铁4号线六纬路站的设计别具一格，巧妙地运用了水滴和水波的造型与色彩，营造出一种清新自然的氛围。走进车站，仿佛置身于一片宁静的海洋世界。车站大厅的设计尤为引人注目，整体呈现出一头深海巨鲸的形象。这头巨鲸栩栩如生，仿佛在水中自由自在地游动，给人一种随时会跃出水面、遨游四方的感觉，为乘客提供一种独特的视觉体验。每一个细节都经过精心雕琢，从天花板上的波纹灯到墙壁上的水滴装饰，无不体现出设计师的巧思与创意。乘客在这样的环境中等待列车到来，像是享受一场视觉盛宴。六纬路站的设计不仅是对自然元素的巧妙运用，更是对城市空间美学的一次大胆展现。它将地铁站从单纯的交通枢纽转变为一个充满艺术气息的公共空间，让每一位乘客都能感受到清新与愉悦。

通过以上措施，天津地铁空间与自然环境实现融合，不仅提升了地铁空间的美感和舒适度，也体现了天津地铁对海河文明的尊重和传承。

5.6 地铁空间与社会需求的融合

天津是一座人口密集、经济发达的城市，拥有多元化的社会需求。天津地铁在规划和建设过程中，充分考虑了社会需求对城市交通和生活的影响，采取了多种措施来实现地铁空间与社会需求的融合。

首先，在满足基本交通需求的基础上，天津地铁注重提供多元化的服务和设施，以满足不同群体的特殊需求。例如，在车站内部，天津地铁设置了无障碍设施、母婴室、自助服务设备等；在车厢内部，天津地铁设置了优先座、静音区、阅读区等；在出入口附近，天津地铁设置了自行车停车位、共享汽车停车位、接驳公交车站等。这些服务和设施不仅提高了地铁的便利性和舒适度，也体现了天津地铁对审美的追求。

其次，在满足特殊需求的同时，天津地铁注重提供个性化的体验和环境，以满足不同群体的审美需求。例如，在车站内部，天津地铁运用艺术装饰、主题设计、光影效果等手法，打造了具有视觉冲击力和情感共鸣力的地铁空间；在车厢内部，天津地铁运用音乐播放、信息发布、互动娱乐等手法，打造了让人听觉体验良好和容易获取信息的地铁空间；在出入口附近，天津地铁运用绿化景观、公共艺术、城市家具等手法，打造了舒适和生态友好的地铁空间。这些个性化的体验和环境不仅提升了地铁的品质和形象，也体现了天津地铁对社会多样性和创新性的尊重。

最后，在满足审美需求的同时，天津地铁注重提供有教育性和启示性的内容和活动，以满足不同群体的知识需求。例如，在车站内部，天津地铁设置了科普展板、历史照片、艺术作品等；在车厢内部，天津地铁播放科普、历史讲解、艺术欣赏等视频；在出入口附近，天津地铁举办科普讲座、历史导览、艺术展览等。这些内容和活动丰富了地铁的文化内涵和教育功能。

通过以上措施，天津地铁空间与社会需求实现融合，不仅提升了地铁的服务水平和用户满意度，也体现了天津地铁对社会责任和公众参与的重视。

5.7 地铁空间与城市形象的融合

天津是一座具有独特魅力和个性的城市，拥有独特的城市形象。天津地铁在规划和建设过程中，充分考虑了城市形象对城市品牌和气质的影响，采取了多种措施来实现地铁空间与城市形象的融合。

在塑造城市形象的过程中，天津地铁注重展示天津的历史、文化、自然等特色。例如，在车站内部，天津地铁设置了展示天津历史变迁、文化遗产、自然景观等主题的展板和装饰；在车厢内部，天津地铁播放介绍天津历史人物、文化活动、自然环境等主题的视频和音频；在出入口附近，天津地铁设置了展示天津历史建筑、文化景点、自然公园等主题的标识标牌。这些展示不仅丰富了地铁的信息内容和视觉效果，也体现了天津地铁对城市特色和精神的传播。

在展示城市特色的同时，天津地铁注重塑造天津的未来、梦想、愿景等。例如，在车站内部，天津地铁设置了展示天津未来规划、梦想实践、愿景设定等主题的展板和装饰；在车厢内部，天津地铁播放介绍天津未来发展、梦想故事、愿景分享等主题的视频和音频；在出入口附近，天津地铁设置了展示天津未来建设、梦想成就、愿景追求等主题的标识标牌。这些塑造不仅提升了地铁的前瞻性和引领性，也体现了天津地铁对城市未来和梦想的引导。

在塑造城市未来的同时，天津地铁注重传达天津的开放、包容、创新等理念。例如，在车站内部，天津地铁设置了展示天津开放政策、包容文化、创新实践等主题的展板和装饰；在车厢内部，天津地铁播放介绍天津开放态度、包容精神、创新思维等主题的视频和音频；在出入口附近，天津地铁设置了展示天津开放、包容、创新等主题的标识标牌。这些传达不仅强化了地铁的开放性和包容性，也体现了天津地铁对城市理念和价值的推广。

通过以上措施，天津地铁空间与城市形象实现融合，不仅提升了地铁的品牌力量和影响力，也体现了天津地铁对城市形象和品牌的塑造。

5.8 地铁空间的艺术创新

地铁空间是城市交通系统的重要组成部分，也是城市文化和生活的重要载体。地铁空间的设计不仅要提供交通功能，还要考虑地铁空间与自然环境、历史文化、社会需求、城市形象等方面的有机结合，创造出具有天津特色和时代气息的地铁空间。在本节中，我们将探讨如何实现地铁空间在艺术方面的创新和改进，打造一个智慧、高效、舒适、美观的天津地铁空间。

地铁空间的艺术化是指地铁空间能够通过不同的艺术手段和元素来展现和传播城市的文化和精神，提升地铁空间的美观度，增强乘客的情感参与和体验感受。在天津地铁空间中，我们可以从以下几个方面实现地铁空间的艺术化。

①壁画艺术。壁画艺术是一种在墙面上绘制图像或文字的艺术形式，它可以利用大面积的墙面来展示天津的历史、文化、风景等主题，营造出浓郁的地域氛围和强烈的视觉冲击。例如，在天津地铁11号线中，有多个车站采用了壁画艺术来装饰墙面，如八里台站"百年南大"、吴家窑站"津城旧事"、佟楼站"童年色彩"等，这些壁画不仅展现了天津的历史变迁和民俗风情，还体现了天津的现代风貌和未来愿景。

②公共艺术。公共艺术是一种在公共空间中设置雕塑、装置、灯具灯光等艺术作品的艺术形式，它可以利用多种材料和技术来表达天津的特色、理念、愿景等主题，营造多样的空间氛围。例如，在天津地铁中，有多个车站设置了公共艺术作品来装饰空间，如天津站"海河之光"、西南角站"海河之韵"、西站"海河之梦"等，这些公共艺术作品不仅体现了天津作为海河之城的特色和精神，还展示了天津对海河文明的尊重和传承。

③数字媒体艺术。数字媒体艺术是一种利用数字技术和媒介来创作和展示艺术作品的艺术形式，它可以利用多媒体、互动、虚拟等手段来呈现天津的动态、创新、开放等主题，打造新颖的空间体验。例如，在天津地铁中，有多个车站采用了数字媒体艺术来装饰空间，如滨海国际机场站"天津之心"、东海路站"天津之魂"等，这些数字媒体艺

术作品不仅展示了天津的现代化和国际化，还体现了天津的自信和魅力。

总之，地铁空间的艺术化是天津地铁空间设计的重要方向之一，有利于提升天津地铁空间的文化品位和审美价值，增强乘客的情感参与和体验感受。未来天津地铁空间设计应该充分利用壁画艺术、公共艺术、数字媒体艺术等多种艺术手段和元素，打造一个富有天津特色和时代气息的地铁空间。

5.9 地铁空间的公众参与

地铁空间的参与化管理是指在地铁空间的规划、建设、运营、维护等过程中，广泛吸纳和动员社会各界、各领域、各年龄层的人员参与，形成一个开放、包容、协作、共享的地铁空间管理模式。地铁空间的参与化管理有利于提高地铁空间的设计质量和水平，增强地铁空间使用者的满意度和归属感，促进地铁空间与城市空间的协调发展。

在本节中，我们将从以下几个方面探讨天津地铁空间的参与化管理，即如何实现地铁空间的规划参与、建设参与、运营参与、维护参与等方面的公众参与，创造一个真正属于大众的地铁空间。

地铁空间的规划参与

地铁空间的规划参与是指在地铁空间的规划阶段，通过各种方式和渠道，征求和反映社会公众对地铁线路、站点、功能、风格等方面的意见和建议，使地铁空间的规划更贴近公众的需求和期待。地铁空间的规划参与有利于提高地铁空间规划的科学性和民主性，增加公众对地铁空间规划的认同和信任。

具体而言，地铁空间的规划参与可以从以下几个方面进行。

①加强对公众参与意义和价值的宣传教育。通过各种媒介和形式，向社会公众普及地铁空间规划相关知识，提高公众对地铁空间规划重要性和紧迫性的认识；通过展示国内外优秀案例和经验，激发公众对地铁空间规划的兴趣和热情；通过阐述公众参与的理念和方法，引导公众积极参与地铁空间规划，形成良好的社会氛围。

②完善公众参与的组织和管理。建立专门的公众参与机构和团队，负责协调和推动地铁空间规划的公众参与工作；制定科学的公众参与规划和方案，明确地铁空间规划的目标、范围、内容、流程、时间等；建立健全的公众参与制度和规范，明确地铁空间规划的参与主体、参与方式、参与权利、参与责任等。

③丰富公众参与的形式和内容。根据地铁空间规划的不同阶段和特点，采用多种多样的公众参与形式，如问卷调查、座谈会、研讨会、公开征集、网络投票等；根据社会公众的不同特征和需求，设置多种多样的公众参与内容，如线路选择、站点位置、功能配置、风格设计等。

④保障公众参与的效果和质量。建立有效的公

众参与评估和监督机制,定期对地铁空间规划的公众参与情况进行检查和评价,及时发现和解决存在的问题和困难;建立有效的公众参与激励和奖励机制,对地铁空间规划中表现突出和贡献显著的个人或团体给予表彰和奖励,提高公众参与地铁空间规划的积极性和主动性。

地铁空间的建设参与

地铁空间的建设参与是指在地铁空间的建设阶段,通过各种方式和渠道,征求和反映社会公众对地铁空间的设计、施工、装饰等方面的意见和建议,使地铁空间的建设更符合公众的审美和体验要求。地铁空间的建设参与有利于提高地铁空间建设的质量和水平,增加公众对地铁空间建设的支持和参与。

地铁空间的运营参与

地铁空间的运营参与是指在地铁空间的运营阶段,通过各种方式和渠道,征求和反映社会公众对地铁空间的服务、管理、活动等方面的意见和建议,使地铁空间的运营更符合公众的期待。地铁空间的运营参与有利于提高地铁空间运营的效率和质量,增加公众对地铁空间运营的认同和信任。

地铁空间的维护参与

地铁空间的维护参与是指在地铁空间的维护阶段,通过各种方式和渠道,征求和反映社会公众对地铁空间的清洁、修复、更新等方面的意见和建议,使地铁空间的维护更符合公众的舒适度要求和期待。地铁空间的维护参与有利于提高地铁空间维护的效率和质量,增加公众对地铁空间维护的支持和信任。

通过以上分析,我们可以看到,天津地铁空间的参与化管理是一个系统、全面、深入的过程。它需要广泛吸纳和动员社会各界、各领域、各年龄层的人员参与,形成一个开放、包容、协作、共享的地铁空间管理模式。只有这样,才能真正实现地铁空间设计质量和水平的提高,提高地铁空间使用者的满意度,促进地铁空间与城市空间的协调发展。未来天津地铁空间设计应该充分利用规划参与、建设参与、运营参与、维护参与等多种方式,打造一个真正属于大众的天津地铁空间。这将是天津地铁未来发展中一个重要且必不可少的环节。

5.10　地铁空间的国际化视野

地铁空间的国际化视野是指地铁空间能够展现和传播城市的开放、包容、创新等理念，提升地铁空间的国际影响力和竞争力。地铁空间的国际化视野拓展是指通过优化地铁空间的规划和设计，使地铁空间能够更好地适应和引领国际潮流，为城市的国际化发展贡献更大的力量。

天津地铁的国际化是城市发展战略的重要组成部分，体现在技术和管理水平的提升上，更在于其服务理念和运营模式的创新。随着天津市国际消费中心城市的培育建设，地铁系统作为城市公共交通的重要支撑，其国际化发展已成为连接城市与世界的关键纽带。天津地铁通过引入全自动运行技术，提高了运营效率和安全性，同时也展示了天津在智慧城市建设方面的决心。

天津地铁在商业模式上也进行了创新，通过"地铁+经济"的模式，整合线上线下资源，推动了商业发展和消费升级。这种模式不仅提升了地铁的经济效益，也为乘客提供了更多元化的服务以及便利，增强了地铁系统的吸引力和竞争力。

国际化还体现在天津地铁对外合作和交流方面的积极布局。天津市作为国际性综合交通枢纽，积极吸引国内外投资，推动物流、贸易、旅游等领域的发展，这为地铁系统带来了更多的国际合作机会，也为天津市的国际化进程提供了强有力的支持。

天津地铁的国际化是多方面的，它不仅仅是技术上的革新，更是服务理念、运营模式以及对外开放程度的全面提升。这些举措共同推动了天津地铁向国际化标准靠拢，为天津城市的国际化发展贡献了重要力量。天津地铁的这一转型，不仅为本地居民和国际旅客提供了更高效、便捷的交通方式，也为城市的国际形象增光添彩，促进了天津市与世界的互联互通。

参考文献

[1]北京市轨道交通建设管理有限公司.北京地铁公共艺术（2018）[M].北京：中国建筑工业出版社，2023.

[2]张中杰.你不知道的地铁文化[M].上海：同济大学出版社，2022.

[3]申玉生.地铁文化与艺术[M].2版.北京：中国铁道出版社，2022.

[4]刘以鸣，杨建明.艺术走入地下——公共艺术与地铁[M].北京：北京理工大学出版社，2020.

[5]陈岩，唐建，胡沈健，等.地铁站情景空间塑造[M].北京：中国建筑工业出版社，2019.

[6]汤雅莉.地铁·公共艺术·符号——地铁空间地域性艺术符号设计理论[M].北京：中国建筑工业出版社，2018.

[7]张鑫.城市文化的视觉传播——城市地铁中的视觉传达设计[M].武汉：武汉大学出版社，2016.

[8]武定宇.地铁公共艺术创作：从观看到实践[M].北京：海洋出版社，2016.

[9]刘志义.地铁设计实践与探索[M].北京：中国铁道出版社，2009.

[10]廖元靖.北京地铁车站商业现状调研及策划研究[D].北京：清华大学，2019.

[11]左景丽，李依霏，唐芙蓉.地铁文化英文传播的时代价值与实践路径——以西安地铁文化为例[J].陕西理工大学学报(社会科学版)，2023，41(6)：64-70，78.

[12]刘婉婷，孙奎利.城市地铁空间的公共艺术设计研究[J].工业设计，2023 (5)：72-74.

[13]刘永颜，赵洒龙，孙奎利.符号学视角下城市地铁空间的设计艺术研究：以天津地铁11号线文化中心站设计为例[J].室内设计与装修，2023(5)：126-127.

[14]孙奎利，刘婉婷.红色文化基因在城市地铁空间中的艺术化表现与传播路径研究[J].创意设计源，2023(1)：35-39.

[15]孙兆君，曹铁娃，曹铁铮.中国画意象美学视野下的天津地铁文化建设研究[J].国画家，2022(5)：82-83.

[16]程洪福.基于文化遗产保护视角的历史园林园艺技能人才培养管理研究——以拙政园为例[J].中国园林博物馆学刊09，2022：113-118.

[17]孙博序，孙奎利，姚家琳.城市更新背景下地铁空间公共艺术设计研究——以天津地铁为例[J].建筑与文化，2022 (9)：254-256.

[18] 姚家琳, 孙奎利, 孙博序. 艺术介入地铁空间文化建构的多维方式研究——以天津地铁1号线小白楼站的空间改造为例[J]. 创意设计源, 2022(3): 62-67.

[19] 吴子超, 王成芳. 地铁站与历史文化保护互馈影响——以广州历史城区为例[J]. 中国名城, 2021, 35(8): 74-81.

[20] 孙奎利, 于利. 艺术+科技: 非遗文化专业教学与创作实践探索——以天津美术学院为例[J]. 创意设计源, 2021(1): 9-15.

[21] 张晓玮. 青岛地铁公共艺术设计的文化可持续发展研究[J]. 包装工程, 2019, 40(16): 87-91.

[22] 秦芳. 城市地铁文化的魅力——以上海地铁文化为例[J]. 大众文艺, 2018(24): 97.

[23] 付欣怡. 基于城市文化融合的无锡地铁文化品牌塑造[J]. 江南论坛, 2018(9): 58-60.

[24] 谢晨昱. 苏州地铁站空间设计中地域文化体现的思考[J]. 绿色科技, 2018(12): 144-146.

[25] 张勤. 文化地铁与地铁文化的整合研究[J]. 重庆文理学院学报（社会科学版）, 2018, 37(1): 59-64.

[26] 姜巍. 地铁文化在城市文化建设中的作用与发展策略——以大连为例[J]. 新闻传播, 2018(1): 36-38.

[27] 王启友, 许毅. 把艺术砌入建筑 把文化融入铁流——构建成都地铁空间文化的建议[J]. 城市建设理论研究（电子版）, 2017(31): 179-180.

[28] 邓瑛. 红色历史文化在南昌地铁公共艺术中的应用价值[J]. 艺术科技, 2016, 29(3): 17, 52.

[29] 高惠芳. 北京地铁文化建设的现状分析及对策研究[J]. 安徽行政学院学报, 2013, 4(2): 58-61.

[30] 吴伟强, 彭江, 吴安琪. 地铁文化建设的基本内涵——以杭州地铁为例[J]. 未来与发展, 2013, 36(6): 38-41.

[31] 杨艳红, 徐泰一, 周颖, 等. 天津地铁文化建设策略研究[J]. 都市快轨交通, 2013, 26(2): 53-57.

[32] 贾云平. 城市地铁文化建设研究[J]. 城市观察, 2012(5): 32-41, 67.

[33] 冯明兵. 以城市文化为视角论地铁文化的价值[J]. 城市轨道交通研究, 2012, 15(10): 21-23.

[34] 王强, 李睿. 论地铁文化对城市经济发展的影响[J]. 沈阳建筑大学学报（社会科学版）, 2008, 10(1): 82-84.

[35] 王伯瑛. 地铁文化建设策略探讨[J]. 城市轨道交通研究, 2006, 9(10): 20-23, 28.

后　记

2021年10月，课题组以"天津地铁文化建设与研究"为题，申报了天津市教委社科重大立项项目，并有幸获批立项（2021JWZD35）。自此，课题组依托以往在天津地铁1号线小白楼站、3号线中山路站、4号线金街站、11号线文化中心站等站点设计中所积累的项目实践经验，以及通过参与天津市地下铁道集团科研项目"地铁站设计中的天津气质与文化意象方法研究"所获得的理论研究心得，正式开启了针对天津地铁文化的系统性研究工作。

历时三年，课题组对中国各大城市，包括北京、上海、深圳、成都、杭州、大连、济南、青岛等地的地铁进行了全面且细致的实地考察。在此过程中，我们深刻体会到城市地铁文化建设与研究课题的复杂性、广泛性以及这一领域研究的挑战性。该课题不仅要求深入挖掘各地的历史文化，还须紧密结合现代城市发展的实际需求，同时充分考量地铁作为城市公共交通重要组成部分的独特作用。在调研期间，课题组成员不仅成功获取了大量珍贵的第一手资料，还与各地的地铁设计专家及文化学者进行了深入的交流与探讨。基于这些努力，课题组以天津地铁文化建设为具体研究对象，逐步构建出一套相对完善且逻辑自洽的理论框架。此框架旨在为当前城市地铁文化建设与研究、文化传承与发展工作提供科学的理论指导与实践参考。

在课题研究及书稿编纂期间，获得了很多的帮助。在此衷心感谢我的研究生团队成员姚家琳、孙博序、张泽桓、李子璇、刘婉婷、佟家琪、李元昊、童晶莹、党方红、刘永颜、蒋子晗等多位同学的辛勤工作与无私奉献，尤其是李子璇同学在书稿的汇总与梳理工作中做出了极大的贡献。此外，非常感谢张玉坤、景育民、龚立君、李迅、鲁睿、赵廼龙、杨申茂、于利、白可等诸位教授、师友在课题研究过程中给予的宝贵意见和建议，以及赵强、叶青、苗展堂、杨德进等同学、挚友的鼎力支持和协助，他们的专业指导为本研究提供了重要的理论支持和实践参考。在此，还要特别感谢华中科技大学出版社的张淑梅老师，感谢她在课题对接、督促修改及支持出版方面所做出的巨大努力。

已审核修改查阅的天津及其他城市地铁的数据中的偏差和错误，若读者在阅读过程中发现书中存在不实信息，敬请不吝批评指正。课题组谨向所有对"天津地铁文化建设与研究"课题研究给予支持与关心的所有个人及机构表达诚挚的谢意。正是得益于各方的鼎力协作与支持，本课题的研究及书稿编纂工作才得以圆满告竣。

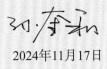

2024年11月17日